当代焦裕禄：廖俊波

王国平 著

人民出版社

廖俊波（1968—2017）

廖俊波同志任职期间，牢记党的嘱托，尽心尽责，带领当地干部群众扑下身子、苦干实干，以实际行动体现了对党忠诚、心系群众、忘我工作、无私奉献的优秀品质，无愧于"全国优秀县委书记"的称号。

习近平

出版说明

2017 年 3 月，福建省南平市委常委、常务副市长、武夷新区党工委书记廖俊波因公殉职。3 月底，习近平总书记作出重要指示，号召广大党员干部向廖俊波学习，中共中央追授廖俊波为"全国优秀共产党员"，中宣部授予廖俊波"时代楷模"称号。曾获"全国优秀县委书记"称号的廖俊波是全体党员的学习楷模，更是全体干部学习的榜样。他是十八大以来涌现出的一大批新型优秀干部的杰出代表，是践行总书记"四有""四个人"要求的典范。他身上既充满了鲜明的时代特征，又时刻闪耀着焦裕禄精神，他可称得上是当代焦裕禄。

为贯彻落实习近平总书记重要指示精神，深入生动地宣传廖俊波的先进事迹，我社决定出版本视频书。本书以光明日报社记者王国平撰写的报告文学《一个温暖的"发光体"》为文本，除加入廖俊波的相关照片外，还特别剪辑植入了大量廖俊波的会议发言、下乡调研、工作交流及生活场景等相关音频视频，图文与音像共现，声情并茂地呈现了他的非凡事迹，是国内第一本关于英模主题的视频书。

　　本书编写得到福建省委宣传部、南平市委宣传部等有关单位大力支持，他们并提供了本书的全部图片与视频，在此特别表达谢意。

人民出版社

2017 年 6 月

目　录

引 子

为了一方水土，为了一份壮丽的事业，"全国优秀县委书记"廖俊波交出了全部的自己。

2017 年 3 月 18 日晚，时任福建省南平市委常委、副市长，武夷新区党工委书记的廖俊波，在赶往武夷新区主持召开会议途中不幸发生车祸，因公殉职。

习近平总书记作出重要指示，号召广大党员干部向廖俊波同志学习，不忘初心、扎实工作、廉洁奉公，身体力行把党的方针政策落实到基层和群众中去，真心实意为人民造福。

2017 年 6 月 6 日，中共中央追授廖俊波同志"全国优秀共产党员"称号。

一个温暖的"发光体"

"发光体"原本是一个物理学术语。学物理出身的廖俊

年轻时的廖俊波

波，或许"入戏太深"，一不小心就把自己塑造成了一个"能发出可见光的物体"。

事实是，他以武夷山为原点，顺着闽江，沐浴着闽越文化、朱子文化的余韵，一路奔波，走到哪里，哪里就要发生或大或小、或强或弱的"物理反应"甚至是"化学反应"。

1990年，福建南平邵武市大埠岗中学物理教师廖俊波，自费购买了一台照相机，成立摄影兴趣小组，课余领着学生走入田间地头、山林野外，引导他们在镜头前用艺术的思维睁眼看世界。

1998年，邵武市拿口镇的天开了闸门忘了关，洪水滔滔。廖俊波被赋予"大禹"的职责，担任镇长。他和镇上的同事一道，昼夜不分查勘灾情，遍访500多个受灾家庭，提出"一户一策"的具体帮扶方案。春节前，受灾群众全部搬进了新居。

2007年10月至2011年5月，南平荣华山产业组团管委会主任廖俊波，领着几个干部，顶着风冒着雨，在里塘村旧村部搭起架子、甩开膀子，把黑夜当白天过，将千头万绪捋顺了、揉碎了，再拎起来，硬是把不可能变为可能，让沉睡千年的山地跟上了产业发展的步伐。四年间，园区招商引资项目50多个，总投资超过28亿元，成为闽北新兴工业平台。

2011年6月，他开始主政经济社会发展长期在福建省垫底的南平市政和县，担任县委书记。廖俊波的能量再度爆发，领着政和人，创造着"数字传奇"：2012年县域经济发

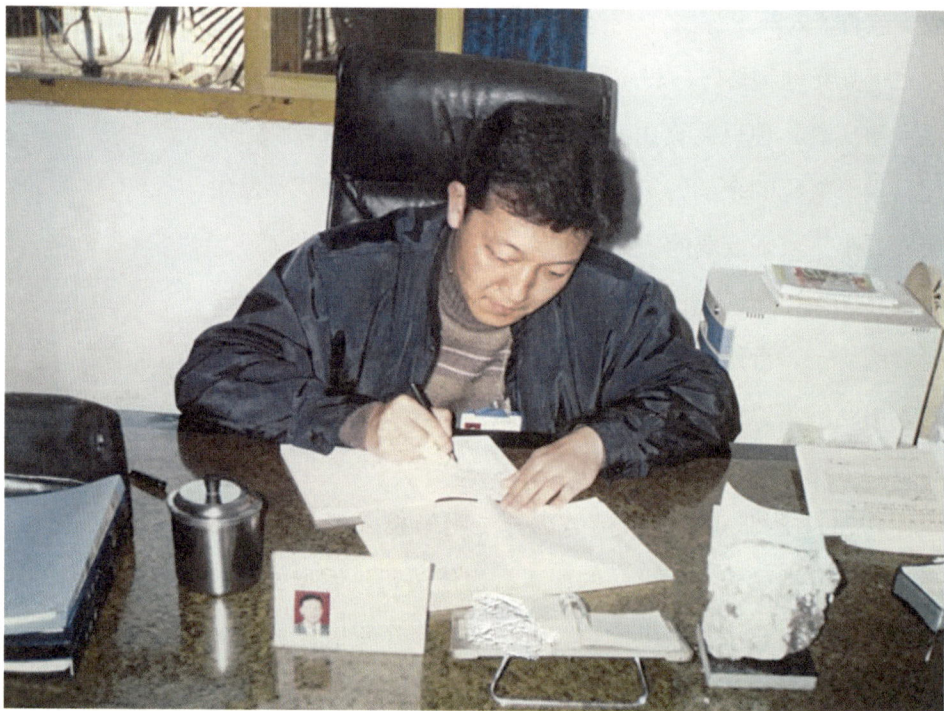

廖俊波在拿口
镇办公室工作情景

展指数在福建省提升 35 位，2013 年首次进入全省县域经济
发展"十佳"，2014 年和 2015 年继续保持"十佳"的位次。

一个"疯子"领着一群"疯子"干

一花一世界，一步一个坑。

"梦笔生花"的典故就出在廖俊波的老家南平市浦城县。
话说南朝文学家江淹担任此地县令时，梦中获赠一支五彩花
笔，醒来文思泉涌，一发不可收拾。廖俊波之于闽北的这片

热土，何尝不是另一桩"梦笔生花"？

只是，促改革，谋发展，没有这么的轻快与烂漫。可以设想，这之间，他有几多的操劳与奔波，耗费了多少的时间、精力与心血。

曾经有人说，这个人工作起来，简直就是一个"疯子"。

他的爱人林莉听了笑着回话："我看，他是一个'疯子'领着一群'疯子'在干。"

为何那么多人愿意跟他一起"疯"？

知夫莫如妻。

1988 年新学期，南平师范高等专科学校（现在的武夷学院）物理系的一堂课就要开始了。廖俊波回头看见匆匆赶来的一个姑娘，怔了一下，拍了拍身旁空着的椅子，"来！坐这里！"尽管彼此不是很熟悉，这个姑娘还是顺着他的眼神，大大方方挨着他坐在了一起。后来，他们成就了一辈子的恩爱。

"这个人吧，怎么说，感觉有点抗拒不住。"林莉说。

廖俊波在哪里，哪里就添了一分热度，就凭空多了一股引力。

他的能耐，邵武市拿口镇兴达竹业董事长吴敏达早就领教了。

2002 年，吴敏达想办个厂子，正在物色合适的厂址。这个消息，让时任拿口镇党委书记的廖俊波知道了。偏僻的拿口压根儿就不是吴敏达的"菜"，没有纳入视野范围，一口就回绝了。廖俊波"犟脾气"上来了。拿口怎么就不行了！

项南同志还题词说，"八闽重镇有三口，精神物质两丰收。竹木工艺一条街，遥遥领先数拿口。"不是夸海口，搞竹业的厂子，只能是拿口。一顿硬磨软泡，生生让吴敏达将厂址落定在拿口。

"千万别被他抓住，一旦抓住了想跑都跑不掉！"吴敏达笑言。

感觉"跑不掉"的，还有武夷高新技术产业园区董事长陈智强。

由于他在工作中犯了个"小错误"，与园区入驻企业产生了"小冲突"，惹得廖俊波连夜开会，这回是"暴脾气"上来了，先冲着陈智强喊"你现在坐到对面去""你现在不要说话"，再甲乙丙丁列出"小错误"并不"小"的道理，继而命令他写检讨，规定至少写三页。

"我上次写检讨是在初中。但我还是写了，还写了四页。哎！没办法，他让人心服口服。"陈智强说。

被他征服的，还有福建卡诗顿电子商务公司经理张斌。

2015年6月，时任政和县委书记的廖俊波给小老弟张斌打了个电话，请他给自己网购一双皮鞋，叮嘱要内增高五厘米的那一款。网购能手张斌当即照办，送到了廖俊波的办公室。"合脚！舒服！多少钱？"张斌回答这是送给老哥的，再说也不贵，包邮才三百六十八。"那不敢！"说话间，钱就塞了过来。

"一是一，二是二，他分得很清楚。"张斌说。

后来，张斌得知，廖俊波穿着这双皮鞋，到北京参加了

一个会，领回了"全国优秀县委书记"的称号。

精神面目丰富的人

在曾经的"老上访"刁桂华看来，廖俊波不是什么"县委书记"。

她到廖俊波的办公室反映情况。走得急，没有看见地上的一个小坎层，跌了一跤。廖俊波马上起身把她扶起，再拿着一条毛巾跑到走廊卫生间冲洗了一下，递给了刁桂华，"疼不疼？你先擦一擦"。

"当时——我就感觉——他像妈妈一样——我从他身

上——看到了希望——"刁桂华情不自禁。

他的存在，似乎就是为了给周围的人以温暖、以力量、以梦想。

"一切为了政和的光荣与梦想。"廖俊波曾经喊出的这句响亮口号，已经漾出了政和县域，在逐梦路上奋进的人们心间久久回荡。

好的领导干部，总是从内到外散发着精神的魅力。

笔者无意间翻读话剧表演艺术家于是之的家书册子，得知1955年10月他在河北唐山搞调查时，忍不住向妻子李曼宜分享他的精到发现：

2015年7月30日，廖俊波在政和县铁山东涧村调研（徐庭盛 摄）

这次又见到许多干部，有一个体会：最美的人是真正的唯物主义者，这种人勤勤恳恳，实实在在，平凡而又可敬，亲切而又不可犯。

好的干部必是些精神面目丰富的人，因他的生活丰富，因他经常经历着多样的纠葛。他深入其中，非智慧不可，像当今舞台上的那番模样，不及于万一。

1973 年 7 月，于是之在家信中再度谈及了这个话题：

在下面看到的英雄人物，都有一个特点：强烈的改造世界的愿望。……看准了哪里是薄弱环节，就拼命把它扭转过来，不怕苦、不怕死，不求名、不求利。做历史发展的动力，大自然的主人公。

从焦裕禄、孔繁森，到杨善洲、谷文昌，优秀领导干部，先进英模人物，都有着这样的品质与境界，温暖人心，震撼人心，亦激励人心。纵观廖俊波的一生，他把前辈身上那些永恒闪耀着的品格与光华继承了下来，为百姓酿造着新时代的蜜。

他的身上，也有新时代的烙印，在谋事、干事、对己、待人上，有着这个时代党员领导干部的新格局、新境界、新风范——

这是一个有知识、有见识、有胆识的人，也是一个不乏童趣心和孩子气的人。

这是一个跟随时代潮流、在大地上积极奔走创造新世界的人，也是一个倾慕与敬畏传统伦理世界的人。

这是一个时刻把工作扛在肩上的人，也是一个逮空就把自己打理得清清楚楚的人。

这是一个对火热现实生活保持着浓郁兴致的人，也是一个自觉划定底线红线不逾矩的人。

这是一个心灵敞亮、愿意把自己充分打开的人，也是一个让人愿意跟他神交、跟他交心的人。

这是一个勇于、善于跟时间赛跑的人，也是一个被时间定格了伟岸背影的人。

这是一个以和善、爽朗笑声跟老百姓打成一片的人，也是一个在老百姓婆娑泪眼间悲壮远行的人。

生命骤逝，斯人已远。廖俊波的生命永远地画上了休止符。但是，在跟他熟知与不熟知的人们心里，他依然还在，他依然还在发着温热的光。

一片忠心，一腔热血，
激情满怀如虎跃

贫困地区，其实干部存在的问题主要还是信心不足。第二个就是大家思想、观念相对比较保守。这样会导致人心比较散。所以我觉得作为县委书记，最重要的一个事，就是做凝心聚力的事，就是要把大家的信心提振起来。

——廖俊波

"省尾"书记

"我当时就认定，这是一块好料！什么概念呢？就是这个人基本素质好，潜力好。"

1995 年 12 月，从中学物理教师岗位转任镇文化技术学校教导主任的廖俊波，被推荐到邵武市政府办公室工作。时任邵武市市长林小华在面试时，把这个 27 岁的小伙子看了个通透。一句"我做事，都会竭尽全力的"，让林小华觉得这是个好苗子。

林小华被认为是廖俊波的"师傅"与"伯乐"。跟他们相熟的人说，廖俊波的做派与风格，都有林小华的影子。

行伍出身的林小华现在已经退居二线。跟他面谈，最强烈的感受是，这个人，激情犹在。

廖俊波就是一个激情满怀的人。

"贫困地区，其实干部存在的问题主要还是信心不足。第二个就是大家思想、观念相对比较保守。这样会导致人心比较散。所以我觉得作为县委书记，最重要的一个事，就是

廖俊波：摆脱贫困，不能山河依旧

13

廖俊波在邵武市大埠岗镇政府大院前

1990 年 8 月，廖俊波（左一）毕业分配到邵武市大埠岗中学任教

做凝心聚力的事，就是要把大家的信心提振起来。"廖俊波当初在接受记者采访时如是说。

提振信心，就是要把人内心陷入沉寂的精气神重新激活、再度点燃。

他懂得，要把别人点燃，首先自己要燃烧。

2011 年 6 月，受组织委派，廖俊波走马上任，来到政和。

赴任途中，这位新晋县委书记，想必在案头上对这方水土进行了一番细致的摸底。同是主政一方，历史上的那些前辈，都干了些什么？

处于闽北、与浙南相邻的政和县，被称为"先贤过化之乡"。当地的志书上，记载着一位历史名人与政和的不解之

廖俊波跟学生在一起

缘。那就是朱熹，南宋理学大家。

朱熹的父亲朱松，担任过此地的县尉。这是他中进士以来第一次出仕，事业心高涨，于是就把家中田产典质给同县乡亲，举家迁往政和。执政期间，他创办云根书院，延师讲学，施教于民，赢得"既民之父母，又民之师保"的赞誉。离任时，朱松依依不舍，禁不住以诗抒怀："归去来兮岁欲穷，此身天地一宾鸿。明朝等是天涯客，家在大江东复东。"

后来的日子，朱熹循着父辈的足迹，步入云根书院，讲诗谈文、论道说志。如今，云根书院易址重建于城南青龙山上。门楣下刻有楹联，"任中两院开教育先河山城留典范，身后三祠念韦斋政绩百姓树丰碑"，颂扬着朱氏父子的功德。

时光踏步往前走，政和出了个陈牯老。

革命战争时期，乳名陈牯老的陈贵芳，是革命战争时期闽浙赣边境地区响当当的游击队领导人之一。这位政和土生土长的"土干部"，据说又瘦又矮，操着方言，急了话都说不顺畅。

就是这么个人物，担任县委书记时，建立自卫武装，与国民党顽固派周旋，并发展了15个支部，党员超过350人，工作开展得有声有色。1939年9月，政和在省委扩大会上被评为"模范县"。《政和县志》记载，为了革命事业，陈贵芳的二叔机清、五叔机富先后遇难，七十二岁的老祖母惨死在敌人的酷刑之下，母亲叶彩菊三陷囹圄饱尝皮肉铁窗之苦，不满六岁的弟弟夭折在监狱之中，十四岁的妹妹玉兰被敌人投毒身亡。国恨家仇，造就了陈贵芳的铮铮铁骨，打起仗来，天不怕地不怕，惹得敌人好害怕。"闽北有个陈牯老，敌赏三千买他脑。坎坷一生仍自若，革命精神永不倒。"这是"改革先锋"项南在为他赋诗助威。

时光踏步往前走，政和麻烦也不少。

这里自然灾害频繁，素有"十年九灾"之称。主体是洪灾与旱灾，以年为单位"轮岗"，有时同一个年份洪灾、旱灾轮番登场。县志记载，新中国成立以来，较大的洪涝灾害17次，旱灾共计24次。竟然还不够，还有雹灾、倒春寒、秋寒……

陈贵芳像。"改革先锋"项南曾经为陈贵芳赋诗："闽北有个陈牯老，敌赏三千买他脑。坎坷一生仍自若，革命精神永不倒"

天灾闹心，"人祸"不止。

20世纪90年代末，当时的县委书记认同的是"升官不发财，请我都不来"，信奉的是"当官不收钱，退了没本钱"。在这里工作不到3年时间，就受贿68起，收受72人所送财物，计50余万元人民币、2300美元，以及价值1.5万元的物品。这在此时此地，是一桩要案。

风气给污染了，清洁起来谈何容易。

何况，政和的综合经济实力长期处于福建省末位，被戏称为"省尾"。这叫人真是有点难堪。

省里市里开会，不管摆不摆座签，政和的干部总是找角落，静静地坐。假如安排了发言环节，轮到政和多是临近饭点，说者无心，听者无趣，政和人也就对付过去。"当时不少干部已经习惯了当最后一名，没有什么干劲。"政和县政协副主席魏常金说。

"当官当到政和，洗澡洗到黄河。"当地老百姓也挺为干部考虑的，编出一则顺口溜，给可能要来政和任职的干部们一句忠告。当然，亦可视为一个"下马威"。

从另一个角度看，说这表明老百姓"信心不足"，程度还轻了。

"太需要一场胜利了"

此时，廖俊波来了。

一床，一几。

一杯茶，一根烟，一支笔。

一条汉子，一片忠心，一腔热血。

"刚上任，我们就感受到他的与众不同。"现任政和县人大常委会主任郑满生感觉一股新风徐徐吹来。

在中国，县委是党执政兴国的"一线指挥部"，县委书记就是"一线总指挥"。既然是"总指挥"，还是"一线总指挥"，自然要对第一线的真实情况有所感知、有所掌握。廖俊波组织开展了一个多月的调研，下乡村、进厂矿、访社区，把总面积 1735 平方公里的这块土地摸了个遍。

是的，要有一双"体察民情的大脚掌"。

郑满生不禁感慨："我这个土生土长的政和人，也是第一次这么深入地了解自己的家乡。"

廖俊波：解决
实际问题，就要多
到现场，少在会场

廖俊波马不停蹄。上任第 55 天的日子，他吆喝了一声：开会了！开会了！

会议名称：政和上半年经济形势分析暨经济社会发展务虚会。

参会人员：全县副科级以上干部。

会议时间：2011 年 8 月 18 日至 20 日。

政和县委办公室工作人员赖传贵回忆说，会议不设主席台，大家围桌而坐。

第一天，过了十二点，上午的会议才结束。下午接着来。赖传贵提前二十分钟到场，准备会务。没想到廖俊波已经在了。他朝着赖传贵笑了一下，低头忙自己的。

是不是可以解读为他有点急不可耐了？

"我记得看过一个片子，里边有句台词，说的是'太需要一场胜利了'。那时候我也是这样的感觉。我真的是太需要一场胜利了，需要一个事情的成功来激励他们，必须找到一个突破口，让大家觉得政和是能够干事的。"在 2015 年 6 月的一次受访中，廖俊波这般诉说自己当时的心情。

按说，此类会议，乡镇和经济部门的负责人参加就行了。廖俊波不按常理出牌，让该来的都来，让"不该来的"也要意识到自己原本就应该要来。

请大家一起来，无非是"群策群力，共同讨论，让思想的火花相互碰撞"。

曾经的初中物理教师，给大家出题。题目类型是开放式的问答题，一共三道：政和能不能发展？要发展什么？如何发展？

想当初，德国古典哲学的开创者康德先是提出了三个问题，"我能知道什么""我应该做什么""我能希望什么"，再在这个基础上总括地提出"人是什么"这个核心问题。

这位县委书记也在有意或无意地引导大家开动脑筋，思考"政和到底是什么"这个关键问题。

他还明确答题的具体要求是尽量"说真话，说实话，说思考过的话"。

出题的，何尝不是在"赶考"途中！他要为组织的信任而"赶考"，要为群众的期待而"赶考"，要为自己的信仰而

"赶考"。

他庄重地提交了答卷。

翻看 2011 年 8 月 20 日的会议录音资料，得知他给政和经济社会发展定的总基调是"有喜有忧"。

这句都听得耳朵起茧子了。

不过，他随即补上一句，"忧大于喜"，并且坦言"好的方面我就不一一说了"。

看来他要烧几把火。

"好的方面"不多说，自然要着重说说"坏的方面"。这位"一线总指挥"，把县情摸透了——

经济总量小，经济社会发展相对滞后，综合经济实力仍处于全省末位；

工业产业单一，产业发展的生态环境尚未形成，企业竞争力不强，多数企业尚处在积累阶段，自我扩张能力较弱，尤其是今年来，工业用电量增幅较小；

产业集聚度比较低，尚未形成真正意义上的工业园区；

农业围绕茶竹产业做了大量文章，有一定基础，但在规模农业、特色农业、设施农业上尚无大的突破，效益比较低；

城市框架尚未拉开，城市空间布局上值得认真探讨，城市脏乱差问题比较严重，乱挖乱盖、非法经营土地等问题没有得到有效遏制；

廖俊波到政和
茶叶生产企业调研

廖俊波带领农技人员帮助花农解决技术难题（魏培全 摄）

　　城市功能配套不完善，基础设施有待提升，城市经营水平有待提高；

　　旅游资源丰富，做了大量前期工作，但整体开发尚未破题，对经济的拉动作用尚未体现；

　　财税收入基础总体比较脆弱，作为主导产业的茶竹产业税收贡献较低，去年，茶产业入库税收336万，竹产业税收769万；

　　财税结构不合理，税性比下降，一次性税收比重大，财政支出压力越来越大，经营运作力度还要加大；

　　金融总量小，信贷比偏低，信贷结构也不尽合理，政府、银行、企业之间尚未形成有效互动机制。

　　令人"忧"的面积这么大！醒醒啊，同志们！

他在设法摸准致使政和踟蹰不前的穴位。

他有着虎虎生威的劲头。

"这些问题的存在并不可怕。落后就有发展空间，困难就有努力方向。关键是我们要敢于正视，勇于面对，要通过发展逐步加以解决，也只有发展了，才能更多、更好地惠及于民。"他已经准备好了迎难而上，誓言要在困境中寻觅起跳的契机。

问题到底出在哪里？

他分析道，客观上有交通瓶颈的制约、国家产业布局的影响、地形地貌环境束缚这三大原因。又说："从主观上看，我们认识是否真的到位？谋划够不够？工作是否尽全力？这些问题我想还是由大家来回答比较好。"

有批评的意思，但点到为止，给人以思考与反省的余地。

"挂帅"又"出征"

俱往矣，且看政和翻新篇。

还是要发展产业。道理很简单。一个家庭有三个孩子，老大要结婚，老二要买房子，老三考上大学了要交学费。父母手上只有一笔钱，怎么办？只能是给老三学费。因为只有让老三上大学了，才有更大的可能改变这个家庭的状况。

"只有把产业做起来，才能改变我们政和的经济状况。"

廖俊波以"小故事"引出"大思路"。

也就是这次会议，他提出要在抓好现代农业的基础上，致力发展工业、城市、旅游、回归"四大经济"。

其他的都好理解，什么是"回归经济"？

且听这位县委书记的解释："就是要海纳百川，增进交流，鼓励投资，互利双赢。要有海纳百川的胸怀，对内外资一个样，本地人与外地人一个样，通过公开、透明、统一、客商可预知的招商政策，鼓励回归创业，尤其是工业企业。

廖俊波在企业调研

还要发挥政和籍在外人士的智慧，为家乡的发展出谋献策。"

更具体地说，仅仅在上海，创业经商的政和人就有三万多。人总是牵挂家乡的，可以动员他们"回归"。

也就是发动"乡贤"的力量。

四套班子，打破分工，不能再说这是我的，左边是你的，右边是他的，大家一起上，一起干。先是成立八个分线工作项目组，包括城市经济、茶竹产品、矿业、酿造业、旅游发展项目组，工业平台建设项目组，还有项目策划及金融对接组、统战系统帮扶项目对接组。后来又增至十三个，从点上的突破，带动线上突破，实现面上突破。

凝聚人心，光靠思路还不够。

沟通的问题也至关重要。也就是班子、部门、乡镇之间，要经常"对表"。

廖俊波时时念着要做好"凝心聚力"的事

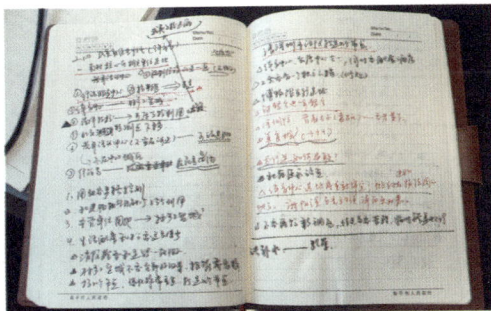

廖俊波的工作笔记本

"我们走的时间一定是一样的。如果我走到上午十二点了，你还在上午八点半，那就完蛋了，很多工作就做不起来。大家的步调要一致，或者说基本一致，这样才能推进事业。"廖俊波说。

还有就是在用人的问题上要有明确的导向。在一线干事的，干成事的，要有激励，要重用，这才公平，才公正。

当然，还要看自己这个"总指挥"是不是能以身作则、率先垂范了。也就是说，既"挂帅"又"出征"。

廖俊波说过："工作千头万绪，涉及方方面面，要怎么抓，其中一条就是要用系统的思维来谋划工作，致力增强工作的前瞻性、计划性。有句俗话讲'吃不穷，穿不穷，没有计划一辈子穷'。工作不进行系统思维，东一榔头，西一铁锤，即使努力了，成效也难尽如人意。"

凝聚人心这事，在廖俊波这里就是一项"系统工程"。

好的思路是定方向，好的沟通是保障，用人上抱持对的原则可以让队伍朝气勃发，自己身体力行就立起了标杆。这样一来，人心齐，泰山移。

一套有章有法的"组合拳"。

他鼓劲打气："树立'小县大作为''小县更精致'的观念，进一步坚定发展信心，保持'人一我十、滴水穿石'的工作韧劲。"

他苦口婆心："权是一种责任，利更应取之有道。为政者更应该不为钱所困，不为情所累。如果我们都尽心干事业，还有什么不能公开、不能透明、不能沟通的呢？"

他深情展望："希望大家在工作上要多琢磨事，而不是琢磨人，一门心思把工作做好。关键是要解决问题。做事都要付出，没有付出，不可能成功。'生活不是童话，凡事皆有代价'。"

催征鼓，一遍又一遍地敲。

集结号，一声比一声嘹亮。

有疑虑，他来释惑；有误解，他来澄清；有麻烦，他来破局。

他要掀起一阵阵的劲风，甚至是狂风。

"机遇稍纵即逝，必须要急、要争、要抢。困难和问题现实存在，要勇于面对，克服整改。我相信，在座各位都希望政和能发展得更快些、更好些，不甘落后于人，但我们如果还是继续重复相同的工作模式、思维模式，却期待结果有所不同，这可能吗？"在一次座谈会上，他厉声发问。

我固执地想，此时他是敲了敲桌子的，利落而脆响。

物理老师出身的廖俊波善于在脑海中"搞好建设"。图为2001年5月，廖俊波观看拿口中心小学小学生小发明、小制作演示

"政和新政"

工作模式要再造，思维模式要更换，得要在脑海中"搞好建设"。

学物理出身的廖俊波，善于运用辩证法来谋划问题。

那几年，政和的发展渐渐有了起色，收获了不少的好评，甚至有人评价政和是"突变"，步入"跨越式发展"的轨道。政和的领导干部感觉自己的辛勤努力有了回响，不由得洋溢起愉悦的笑容，可以"喘口气"的想法开始膨胀，甚至已经开始"喘气"了，整体的气氛有了些松弛。

廖俊波敏感地察觉到了这个苗头。

2013 年 4 月 28 日，在全县创业竞赛总结表彰会上，他先是分析了一番工作取得的成效，即创造了新速度、形成了新机制、展示了新形象、积累了新经验。总之是基础更加夯实、后劲持续增强。

他说，政和人的确可以"高看自己一眼"了。随着交通布局的改善，政和是闽北对接"长三角"最具优势的县，也是闽北离港口最近的城市，物流成本上的优势是其他县市不

廖俊波在铁山镇东涧村调研花农花房（徐庭盛 摄）

2014 年 4 月 18 日，
廖俊波在开发区机电企业
调研（徐庭盛 摄）

能相比的。政和已经是福建全省关注的焦点，正在逐步成为
发展的热点。

重要的话总是在后头。还是要"低估自己一点"。要低
调，要把问题、困难考虑得更多一些，思考得更深一些。政
和还是全省产业基础最薄弱的县，还是城市面貌最落后的
县，这两个问题只是"破题"了，距离"探底"、实现根本
性改变，还早得很。

革命尚未成功啊，同志们！

要正视，要清醒，要克服。

又说，事业在滚动发展，就像树一样开枝散叶，不能
停，也不应该停下脚步。

还说，现在大家都在操场上跑步。你不能老指望谁
摔倒，谁突然停了下来，只能是自己加油往前跑，跑到前
头去。

31

政和县城关全景（徐
庭盛 摄）

"发展方向不能变，工作力度不能减，创业干劲不能
松！"声音可能高出八度。

"不能互相表扬，共同退步啊！"是说给大家听的，也是
说给自己听的。

这是个称职的"鼓手"，也是个理性的"号手"。

廖俊波知道，要在别人的脑海里"搞建设"，首先自己
要心中有数、心中有谱，一清二楚。

变革、创新的种子在他的脑海里生了根。

他在福建首创"并审联批"制度，实行"容缺预审"，

合规的，边审批边办手续，尽量赶在时间的前边；推出"派单综合审批包"制度，将企业提出的问题"打包"，派单给对口部门，列出时间表，不解决不罢休；推行24小时全程代理服务机制，来投资的，不必跑审批部门，有专人"跑腿"，把该办的事办理妥当。

他深知，谋事创业，要协调步伐，是大家共同的事，没有旁观者，没有局外人。

2013年11月11日，在政和县第三季度经济形势分析会上，廖俊波明确，发展不只是经济部门的事，其他部门也要摩拳擦掌。

比如工会，就要做好矛盾纠纷排查工作，维护工人权利，搞好培训，让产业工人心甘情愿留下来。

比如档案部门，就要做好档案的规范管理，为历史留下见证。"所以，我想各个部门，非重点布局之外的部门，也要有作为"。

写好"绿色"大文章，做好"绿色发展的铺路石"，也是廖俊波时常念叨的事。

如果色彩可以挑选自己的主场，南平恐怕要被绿色"临幸"。这是一块天然绿地，森林覆盖率达 77.3%，空气中负氧离子含量最高达每立方厘米 13.6 万个。呼吸在这里是个轻松的事，也是个幸福的事。

"绿水青山就是金山银山"。廖俊波的理解是"一绿遮百丑"。美丽乡村建设，他的思路是要有水，水要清，每一个小巷都有水在流动，而且"该种树的都种树，该种草的都种草，该种菜的都种菜"。

他的视野还不局限于本乡本土的一山一水。

他说，美丽乡村建设要学习日本，以"一村一品"为切入点。首创者平松守彦的理论值得借鉴。当然，思路还可以更开放，"一村一品"的概念还可以拓宽，也可以"一村两品"或"一村三品"，也可以是"一镇一品"。以这个思路来培植产业，再来带动整个美丽乡村建设，就有了章法，也有了底气。

而一切的努力，都是为了富民安邦。

在政和县铁山镇元山村调研时，他得知这个畲族少数民族村农民人均纯收入仅 5300 元，村里 13 位大龄男青年娶不上媳妇，"这件事对我触动很大，年轻人娶不上媳妇，根子还是因为穷"。为了治穷扶困，他大胆地闯，利用县财政的扶贫贴息作为风险保证金，帮助农民开通小额金融贷款。短短三年，200 万元扶贫贷款贴息撬动支农信贷 6000 多万元，农民的腰包随之鼓了起来。

他跟全县干部交流，说发展的根本目的、工作的重心要围绕镇村财力的增长和农民的增收来定位。要脚踏实地，夯实基础，不做表面文章，更不能自娱自乐。

"什么叫自娱自乐？就是自己干得很欢，但是对长远却没有什么帮助。可能你现在感觉做得非常好了，但从长远来说，你做的却是无用功，这就阻碍了发展。"一个一心想着

廖俊波：精准扶贫项目是关键

廖俊波在南平市政府的办公室

廖俊波的办公桌上，
摆放着2016年7月2日的
《人民日报》及各类文件

长远的人，自然是一个握有理论"武器"的人。

新的理念，新的思路，他学好了，也用上了。

要做"政治坚定的明白人"，先得把自己的头脑武装好。

在南平市政府廖俊波的办公桌上，摆放着2016年7月2日的《人民日报》。当日头版内容是通栏的新闻报道，《庆祝中国共产党成立95周年大会在京隆重举行》。

书柜里，摆放着《习近平谈治国理政》《习近平总书记系列重要讲话读本（2016年版）》《习近平关于协调推进"四个全面"战略布局论述摘编》《习近平总书记在文艺工作座谈会上的重要讲话学习读本》《习近平用典》。

还有两个版本的《摆脱贫困》。其中，1992年的版本，《加强脱贫第一线的核心力量——建设好农村党组织》和《巩固民族大团结的基础——关于促进少数民族共同繁荣富裕问题的思考》这两篇文章中有折页。

还有两本《做焦裕禄式的县委书记》，一本《不朽的丰碑——谷文昌精神干部学习读本》。

廖俊波把焦裕禄、谷文昌两位前辈视为镜子和榜样。

学习焦裕禄怎么学？他在一篇署名文章中写道，就是要学深悟透他的公仆情怀、求实作风、奋斗精神和道德情操。

就是要学习他"心中装着全体人民，唯独没有他自己"的公仆情怀，切实把群众路线落实到想问题、作决策、抓落实的各个方面。

学习谷文昌怎么学？他在一次会议上说道，就是要学他一心装着群众的公仆情怀，敢于、善于担当的政治智慧，致力推动发展的责任意识。

2014年，廖俊波到东山县实地学习考察谷文昌的先进事迹。他向自己提了两个问题："如果把我放在当年东山那么艰苦的条件下，有没有毅力坚持14年？如果让我在政和工作14年，干部群众还会不会欢迎我？"

东山、政和，一个闽南、一个闽北。同是县委书记，谷文昌精神跨越时空，给他以深切的震撼。

当年，东山被国民党抓壮丁两次，留下几个寡妇村。当时政策上说这些被抓了壮丁的叫"敌伪家属"。包括他们的亲戚，整个东山50%的人口抬不起头。经过深入调研，谷文昌顶着压力，提出要把"敌伪家属"改为"兵灾家庭"。

"我们对比谷文昌同志这种做法，有没有这个勇气，能不能按照这么好的原则来做这个事，更重要的是敢不敢担当这个责任。"廖俊波说。

他跟大家交心：政和的条件的确很差，但与焦裕禄、谷文昌在兰考、东山工作时相比，那还是要好很多。政和的干部，要学习弘扬焦裕禄和谷文昌自力更生、艰苦奋斗，科学求实、迎难而上的实干精神，从实际出发，真抓实干，多从主观上查问题、找根源，理思路、谋发展。

廖俊波谈党的群众路线教育实践活动

他也发现了自己的短处，"同样作为县委书记，对照焦裕禄、谷文昌精神深学细照笃行，不论是党性原则还是奉献精神，不论是求实作风还是为民情怀，都有不小的差距"。

怎么办？唯有动起来、干起来，以行动告慰先辈，赢得未来。

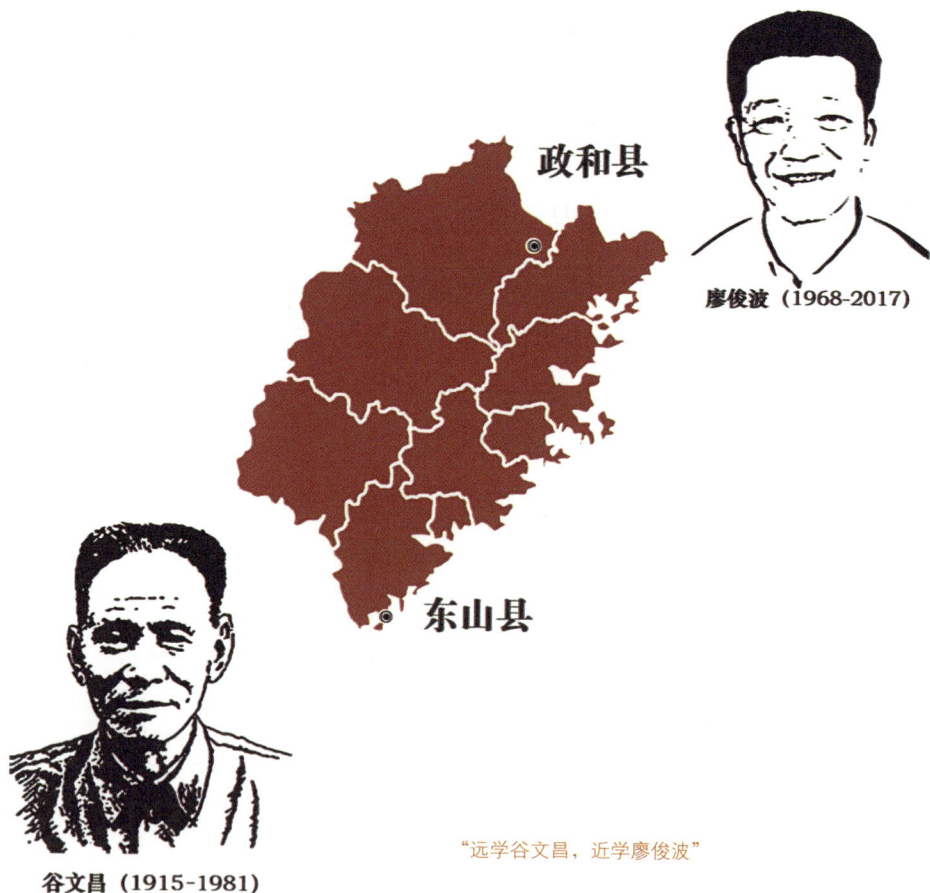

政和县

廖俊波（1968-2017）

东山县

谷文昌（1915-1981）

"远学谷文昌，近学廖俊波"

立潮头，"以干得助"显身手

工作不要只是埋着头苦干。如果不把握大方向，一旦做错了就越走越远，甚至南辕北辙。所以呢，有必要在工作中经常回头看。

——廖俊波

问政"狂人"

"一旦做出决定就不要拖延，任何事情想到就去做。立即行动！"这是比尔·盖茨的一句忠告，悬挂在武夷智谷软件园的一处墙壁上。

这块热土，倾注着廖俊波的心血。

他的女儿廖质琪感觉父亲最大的能耐就是做事很坚持，不拖延，今日事今日毕，能做多好就做多好。

他也明确说过："工作抓落实是一个干部的基本要求、基本职责。"

没有回旋空间，没有商量余地。

因为他坚信"得道多助"，更坚信"以干得助"。

干起活来，廖俊波不分是在办公室还是在候车室，不分是在路上还是在工地上，简直是个"狂人"。

刚到任政和，从市里开会回来，路上透过车窗，看见公路对岸官湖村的防洪堤正在施工，突然有了到现场看一看的想法。结果还真让他发现了问题：不少风化石已经"上岗"

了。这类石材，容易风化剥蚀，用来筑造防洪堤，存在重大安全隐患。

廖俊波急了。掏出手机，冲着水利部门负责人一顿劈头盖脸：这个工程立即全面返工！其他在建的工程必须全面检查质量！有情况随时报告！我会抽空随机暗访！

"路上问政"不止一回。

政和县老年大学负责人杨世玮依然记得，2012 年 9 月 10 日清晨，他和廖俊波一起，准备陪同省市领导参加调研活动。早到了一阵，他们就在路旁边聊边等。这时，一辆洒水车缓缓开来，正值上班高峰，不少行人躲之不及，被弄湿了衣裤。大家只好拍拍身子，朝洒水车嘟囔几句，就匆匆走了。

廖俊波当即接通环卫部门负责人电话，提出建议：洒水能不能规划好时间，不要选在上班高峰时段？洒水量能不能控制一下？临近冬季了，洒水量多了，容易造成路面湿滑，行人和车辆出行多有不便。

这个人办事，总是能踩在老百姓需求的鼓点上，总是能击打在老百姓的心坎上。

他还来了一个"说理问政"。

政和县公安局指挥中心办公室挂着一幅朱熹手书"不远复"的拓印。2014 年的一天，廖俊波来到这里视察，在这幅字前停了下来。

指挥中心主任周李明记得，当时廖俊波跟大家说，"不远复"，从浅层意义上讲，可以理解为父母在、不远行，必

须回家照顾父母。

《易经》有言："不远之复，以修身也。"大致意思是不要走远了，多回头，审视自己走过的路。朱熹的恩师刘子翚病重时，将"不远复"三字符传之。朱熹珍惜了一辈子。

让周李明没想到的是，廖俊波将"不远复"与手头的工作联系了起来。

"当时他就说，从事公安工作，不要只是埋着头苦干。如果不把握大方向，一旦做错了就越走越远，甚至南辕北辙。所以呢，有必要在工作中经常回头看。"周李明回忆。

就地取材，活学活用，举一反三，廖俊波有一手。

他还搞"随口问政"。

2013年5月，政和铁山镇东涧村的几个村民在村口聊天。廖俊波路过，跟他们拉起了家常。寒暄了几句，就顺嘴问道：最近村上有什么困难吗？村民何天章也是顺嘴一说：村上平时喝山泉水，但一落雨，泉水就变浑了，大家没得办法。

遇事就兴奋的廖俊波，当场掏出手机，给相关部门交代，要求他们及时帮助解决。不到两个月，一个崭新的过滤池就建在山泉边。这下好了，村民们不管什么天气都能喝上干净的水。

老百姓的事，处理一桩是一桩，解决一件是一件。

他甚至还有"理发问政"。

在政和期间，他都是找金剪刀理发店的占起建理发。一回生二回熟，边理发边聊天。廖俊波就问：你这里信息灵通，你说说老百姓都关心些什么事？对政府有什么看法？

占起建也不怵，说房价太高了，看病还是不方便，交通的问题不少，还有孩子上学的事伤脑筋……

民生话题一个接一个，廖俊波不时插话，有时静静地听着。

他心里清楚，民意就在闲谈中。

也就是在一次闲谈中，他听说政和的不少家长纷纷把孩子送到外地上学，对当地的教育不放心。理由很直接，也很残酷：政和县25年没有出过一个清华生、北大生。廖俊波心里不是个滋味。

政和一中校长魏明彦对廖俊波的一次夜访场景记忆犹新，"一间间教室、一个个办公室走过来，他主要就是抓老

师在不在岗。从学生的作业到老师近期阅读的书刊，他都不错过"。等学生晚自习结束了，他才离身。

可以想象他那双眼睛有多么的忧虑，又有多么的不服气。

当时政和一中有上千名住宿生，但宿舍仅能容纳一百人，其余学生都租住在附近民房里。这样不安全，也不便于管理。廖俊波四处"化缘"，募集经费，盖起了两栋宿舍楼。他还出面请专家到政和给高三老师讲学。用林莉的话说，高考前自家丫头的学习，他也没有这么用心过。

每年4月，政和县都要举行高三毕业班省质检质量分析会。那几年，廖俊波一次也不落。2015年4月20日，他在会上给大家助威，"形势还是比较好的，好于去年"。也就如何备考说了自己的看法："我认为，勤奋的精神、科学的方法、良好的心态是开启高考成功之门的钥匙。"

具体来说，就是老师们要积极引导学生树立光阴似箭、

45

分秒必争的观念，尽快进入备考状态，丢掉一切杂念，保持一种紧张、有序、严谨的学习心态；要查找不足和薄弱环节，有针对性地进行补缺补漏，避免复习时漫无目的、心慌意乱，影响考试发挥；要加强学生考前心理素质的疏导工作，克服学生不良的心理因素，既不妄自菲薄，也不要过于自信，保持平常心；还叮嘱要注意学生考前的饮食起居。

能分明感觉到他在一旁有点干着急，也能分明感觉到他的心是热的。

砖一块又一块地垒了起来，好消息也一个接一个地来。2013 年，从政和又走出了一个北大生；2014 年，政和一中被评为省一级达标学校；2016 年，政和县城义务教育均衡发展通过国家验收……

一年又一年，教育之花在政和静悄悄地开。

但廖俊波静不下来，也停不下来。他像一阵风，要去掀起更大的浪涛。

能干事的，请站出来！

廖俊波深知，干事业，只是依靠自己个人是不够的。需要找到志同道合者，把更多人内心的潜能发掘出来、调动起来。

他的心中，想必始终有一个旋律在回荡："能干事的，请站出来！"

在政和工作期间，推进城市建设是一个重点。得物色一位合适的人选，来担大任。听说县人大副主任许绍卫有经验、能力强，就想着请他出山。哪知道首次登门，就吃了闭门羹。廖俊波是各种的说、各种的磨，许绍卫是各种的拦挡、各种的推托，甚至搬出一条很不像理由的理由：自己年纪大了，头发白了，怕干不好。

廖俊波：将政和建成一个有归属感的城市

廖俊波，何许人也？

第二次登门，他送上一瓶染发剂。

谈笑间，许绍卫无话可说，只好"恭敬不如从命"。

攻下一个，还有下一个。

他得知时任熊山街道办主任魏常金对工业情况熟悉，里

曾经繁华的政和县石圳，被时光雕刻成了一个典型的"空心村"（李隆智　摄）

里外外是把好手。于是"无事不登三宝殿"。

魏常金的第一反应是摆手，"我那时已经50多岁了，对仕途也没想法了，毕竟年纪到这儿了。想着就这样按部就班'退二线'，再说搞工业园实在是太辛苦了"。

廖俊波这回耍上了"硬脾气"，直接引发廖方和魏方展开一场"拉锯战"。

谈一次。不行。那好。再谈一次。还不行。不着急，再来一次。

"老哥，来，我们来一起做咧。做事业是一件很快乐的事情啊，看见那个厂一栋栋建起来，看见一个个企业投产、做大，很好玩的，来一起做咧。"魏常金发现，廖俊波的"忽悠"水平实在是高。

结果是，魏方"缴械投降"，而且铁了心。

"一个县委书记能这样找你谈话，不说卖命，起码得对得起他吧？"魏常金说。

廖俊波深谙"凡事抓两头"的工作方法。除了三顾茅庐恭请"高手"，他还四处张望，发现和培养能干事的"好苗子"。

石圳是政和县石屯镇松源村的一个自然村，500多人口。这里历史上是水运码头，古酒坊、豆腐坊、布庄的旧址依稀可见，想必当年也是人声鼎沸。但光阴如刀，将这里曾经的繁华斩断，成了一个典型的"空心村"，人员稀少，垃圾满地跑。

这里是袁云机的娘家。领着孩子回来，孩子不乐意：太脏太臭了，再也不去外婆家玩了。

　　实在受不了。2013年9月，袁云机动员村里9位姐妹，用了三个多月时间，清出了500多车垃圾，还给村子一片洁净。

　　廖俊波知道了，直接奔村子而来。

　　行动者，当勉励。

　　袁云机记得，廖俊波跟她说："你们十姐妹带了个好头啊！"

　　他自有思路：村子干净，只是第一步。要是能绿起来、活起来、游起来，石圳就能创造财富。到那时候啊，男人们就都跑回来了。

石圳村的"美丽乡村"建设，吸引了很多游客。2015年，石圳村入选政和首批"国家3A级旅游景区"（李隆智　摄）

　　绿起来，就是要结合古码头文化建设生态村；活起来，就是要引进适合的产业，让村民打工不出门；游起来，就是发挥石圳靠近县城的优势，发展乡村旅游。

　　他给十姐妹吃下定心丸："大家放心干，赚钱的事，你们自己投资；不赚钱的项目，县里、镇里来做。"

　　经由他的牵线，水、电、桥、路灯等基础设施很快完善起来，石圳成为全县首个没有电线杆的村庄。他还领着客商进村，自己拿起话筒当导游，帮助引进了几个投资项目。

　　干事者，必有成。

2015 年，石圳加入政和首批"国家 3A 级旅游景区"行列，还顶着"中国白茶小镇"的光环，踏上蓬勃发展的新征程。

2016 年，全村旅游收入突破 100 万元，村财收入达到 40 万元，全村实现整体脱贫。

村里的余阿婆说："现在的生活呀，好比老鼠掉进了米缸里。"

袁云机说："廖书记不但给了我们摆脱贫困的金点子，还送上了通向富裕的金钥匙。"

有为者，当嘉奖。

2015 年第 7 期《海峡姐妹》杂志的封面，刊登了全国三八红旗手袁云机的照片。跟她站在一起的，还有一位陈章英，福建省三八红旗手。

时任政和县铁山镇东涧村党支部书记的陈章英，不等不靠，带领村民改变"垃圾靠风刮，污水靠蒸发"的状况，自行建设美丽乡村。这事让廖俊波知道了，直接奔到村里考察。陈章英记得，见面时廖俊波说的第一句话是："哈哈！你们还先动起来了！"

村里有片原始的楠木林，杂草丛生，看不见路。陈章英计划开辟一条线路，搞森林旅游。廖俊波觉得有意思，提出要踩踩点，走一趟。说话间，就领头出发了。一路上，廖俊波的双脚要试探地上的深浅，双手要拨开挡路的树枝和蜘蛛网，给后来者开道。陈章英和随行的其他人员要往前走，都让他拦住了，"我来！让我来！"

"探路者"的风采

廖俊波就是这么一个"探路者"，走在前头，立在潮头，开辟着一条条大道。

在荣华山产业组团管委会工作时，四年来，他乘坐的一部越野车，在闽浙两地奔波了36万公里。结果呢，经由他和同事的努力，园区从零起步，节节高。

在政和，他提出要发展工业。翻开《政和县志》，上边写道："政和县经济自古以农业为主，工商业比重很小。"是不是可以说，政和人习惯了，不太爱在这上边花心思。

廖俊波要捅破这份"心安理得"。

廖俊波骑车下乡调研
（李隆智 摄）

他全力推动政和同心工业园区的建设。第一年，16 个项目落地，7 个开工建设。第三年，入驻企业 86 家、开工 40 家、投产 20 家，总投资 78 亿元，年产值 190 亿元……

他在哪里，就要助力给哪里戴上一枚勋章。

既然是"地方团队的领头雁"，自然要夙夜在公，时刻领跑。

他又提出要借力"互联网+"，办电商园，搞活物流，突破时空局限，让山区经济来个"弯道超车"。这是破天荒的事，岂不是要等到猴年马月！别人在等着看热闹，他大刀阔斧操办起来。

干一行，知一行。他把当地电商能人张斌请到办公室，说自己是"电商文盲"，要拜张斌为师。曾经的中学物理老师，当时的县委书记，甘当"学生"。

张斌连声说着"不敢、不敢"，还是拗不过，针对廖俊波提出的发展电商问题——解答。并按照这位特殊"学生"的要求，替他网购了三本电商书。在送给廖俊波之前，在每本书的空白页，工整地写着："赠廖书记！祝愿政和电商遍地开花！"

一个好汉三个帮。廖俊波开始寻觅合适的人选来牵头。

2015 年 3 月 28 日晚 9 时左右，正在广州从事电商行业的政和人王祥东，接到一个陌生电话。对方说："祥东，你好！我是廖俊波。"王祥东当然是愣了一下。廖俊波又问何时有空回来一趟，有事要商量。王祥东回话自己计划清明节回老家。廖俊波跟他约定，到时面见再谈。

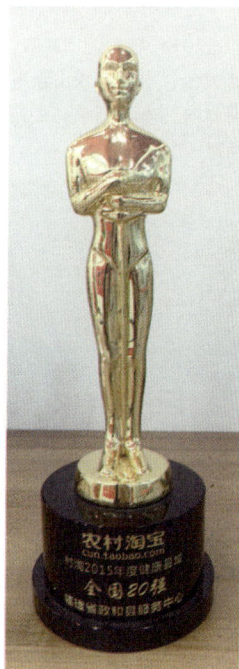

政和县服务中心被评为"农村淘宝全国 20 强"

相见时是 4 月 5 日，处于清明节假期。廖俊波单刀直入，问王祥东政和的电商发展是个什么格局。当得知当地在外从事电商行业有上万人时，他难以抑制自己的兴奋，话也密了起来：电商产业是环保产业，也是政和的优势产业，单兵作战，容易被淘汰。自己想在政和建个电商产业园，让在外从事电商的政和人返乡创业，将政和的竹、茶、香菇等特色农产品推向全中国，走向全世界。

他先是给王祥东描绘了美好前景，让这位在异乡闯荡天下的政和人心里热乎乎。趁着这个节骨眼，他随即就点出了关键："这电商园区，请你回来建设如何？"

有顾虑，很理解。有什么顾虑？请打开天窗说亮话。我们一起想办法。

2014 年 4 月 18 日，廖俊波在政和县铁山镇东涧村向花农了解花卉生产情况（徐庭盛 摄）

被廖俊波"抓住"了的王祥东，同样"逃不掉"。

如今，闽北同心电商创业园项目即将竣工，招商工作进展顺畅。王祥东现在的身份是同心电商创业园有限公司董事长，他的目标是按照廖俊波生前的设想，将之打造成为闽北独具特色的电商"第一城"。

廖俊波帮助东涧村花农解决产销难题

"书记赶路，饿着肚子"

闽北大地，廖俊波的脚步不停息。

2016 年 10 月，南平市确定，把武夷新区作为南平发展的战略突破口，力争 2018 年底有序启动行政中心搬迁。面对重点项目"百日攻坚"重任，兼任武夷新区党工委书记的廖俊波提出："开局就是决战，起步就是冲刺。"

自己说的，自然要身体力行。3 天时间，他跑了 4 座城市，会见了 6 批客商。

往前冲，不回头。

一天只有 24 个小时，再忙也不多给一分钟。那就只好跟时间赛跑。

"将军赶路，不追小兔"。廖俊波则是"书记赶路，饿着肚子"。一直在赶路的廖俊波，把吃饭这事没怎么放在眼里。

廖俊波在武夷新区项目建设"百日攻坚"动员会讲话的手稿

政和县经济开发区主任何宋林还记得，2014 年 9 月的某一天，时任政和县副县长的他，跟廖俊波一起处理好了工业园的事务，已是上午 10 点。历经 3 个小时，他们抵达福州。几个人在街边的一个小餐馆匆匆点了份水饺，填了填肚子，又开始走访省直有关部门。

当年冬季的一天，已经快下午两点钟了，因为临时有急事，廖俊波匆匆来到政和县公安局指挥中心。令指挥中心主任周李明记忆犹新的是，刚坐下没多长时间，廖俊波从公文包里掏出一袋饼干，就着开水吃了起来。这是怎么回事？廖俊波很不在意，"刚处理完事情，还没来得及吃午饭。这样也挺好，可以节省一些时间"。

这并非个例，人总是"本性难移"。

南平市人大常委会副主任武勇担任过邵武市委书记，是廖俊波的老上级。2017 年春，廖俊波有次开会，上午 10 点左右就散会了。他闯进老上级的办公室，看到武勇吃剩的几块饼干，掰开就往嘴里塞，"老哥，早上太忙，还没吃早饭呢"。

幸好有几块饼干，要不然岂不是一整天要饿肚子？武勇就拿了两盒饼干，让人送了过去。廖俊波愉快地收下了这份情谊。

饼干吃了一大半，剩下的，至今还摆放在武夷新区他的办公室书柜里。

廖俊波总是说，谋发展这事，不能老是"山河依旧"。但在吃饭这事上，他老是"重复昨天的故事"。

2017年2月15日下午，闽北同心电商创业园建筑管理负责人陈金亮来到武夷新区，找廖俊波汇报工作。当时，廖俊波正在主持一个会议，预计5点半结束。想不到"拖堂"了，到了6点10分。陈金亮被告知，距离下一个会议仅有20分钟。工作人员开始紧张布置会场。廖俊波正准备趁着空隙吃个盒饭，听说陈金亮在会场外候着，赶紧把他请进来。陈金亮刚坐下，只见廖俊波把三样菜跟米饭搅拌在一起，边说"给我几分钟，金亮你等一下"，边大口大口扒饭。

廖俊波谈政和同心经济开发区建设

陈金亮估摸着也就5分钟时间，廖俊波就把晚餐打发了。

在吃饭上的凑合功夫，他是练到家了。

武夷航天科技体验馆的落成仅花了80天。为了这个项目，廖俊波五次奔赴京城对接，每回都是就着快餐边吃边谈。最近一回，三小时的长谈配着一碗红豆粥、两块烧饼，廖俊波打算起身赶往下一个目的地。北京空间信息技术研究

廖俊波下乡调研"四件宝"：雨靴、雨伞、衣服、被子

所所长原民辉过意不去，说，每次来都这样，下次一起吃顿北京烤鸭！

可惜，时间太无情。没有下次了。

一床被子，见证了廖俊波的"时间观"。

这床被子，跟一套衣服、一双雨靴、一把雨伞一起，是廖俊波的"四件宝"。他曾经的驾驶员林军开车时，廖俊波就盖上被子，抓紧时间眯一会儿，安顿一下疲乏的身子。廖俊波忙七忙八时，这床被子又接力到了林军身上，他赶紧打个盹，为下一项跑车任务养好精神。等廖俊波上车了，被子"换人不换岗"。

这床被子歇不了，是因为人歇不住。

"快慢哲学"给吃透了

廖俊波的心里住着一团火。

他提出要在南平建设软件园。有人公开质疑：在山区干这事，怎么可能？惯于"无中生有"的他不言语，"干"字当先。如今，武夷智谷软件园现已签约入驻全国各地企业26家，还有40家企业达成意向，其中包括浪潮集团、东华软件等知名企业。

在武夷新区，他推动项目提速提效。其中，计划总投资2亿元的闽铝轻量化车厢和物流车项目，从签约落地到建成投产只用了69天。

　　这就是广为周知的"俊波速度"。

　　快，当然是好事。但太快了，多少让人觉得有些莽撞，是不是在蛮干？萝卜快了不洗泥。

　　想必廖俊波也有着"沈从文式的委屈"。

　　这位作家曾经诉说着自己内心的寂寞："我作品能够在市场上流行，实际上近于买椟还珠，你们能欣赏我故事的清新，照例那作品背后蕴藏的热情却忽略了，你们能欣赏我文字的朴实，照例那作品背后隐伏的悲痛也忽略了。"

　　而更多的人在为廖俊波的"速度与激情"而欢呼，照例

廖俊波与同事们商讨衢宁铁路在政和设车站事宜

那背后支撑着的沉稳与用心给忽略了。

谋发展，干事业，绝不是一个"数字游戏"或"速度游戏"。

所谓"台上一分钟，台下十年功"。

执行时高速高效的前提是决策时的深思多谋。

轰轰烈烈的"俊波速度"背后，是争分夺秒的协商，是小心翼翼的谋划，是绞尽脑汁的思虑。

反复揣摩，反复沟通，反复论证，反复商议，才能也才敢拍板定夺。

"这个快跟慢是相对的。不能一味的快，还是要快慢相结合。有的事情要快，但是这个快，一定是先谋后动的快，就是前期有了大量的调研，然后集中方方面面的意见跟智慧的基础上的快。"2015年6月，在接受采访时，他这般阐述自己的"快慢哲学"。

南平市政府办公室工作人员吴慧强透露，自2016年7月廖俊波就任武夷新区党工委书记以来，他自己研究、安排制作了五张图，分别是武夷新区总规图、南林核心区规划图、新岭工业园区规划图、将口片区规划图、兴田片区规划图。每一张图都按照他的要求，将武夷新区拟建项目、在建项目和招商项目落图标记，即时更新。

这五张图共有四套。他在南平市区的办公室有一套，武夷新区的办公室有一套，车上和宿舍各有一套。有事没事，他就盯着这几张图，左看看，右看看，俨如一个指挥官。汇报工作，他拿着这五张图，悉数武夷新区最新进展情况；外

地招商，他拿着这五张图向客商描绘着武夷新区的美好未来；实地调研，他拿着这五张图，跟大家一起研究各个项目的选址方案……

五张图，共四套，几乎是随身携带，随手可拿。廖俊波也许是在提醒自己：规划、建设是大事，要慎重，要讲究，要有理有据。

南平本地有家传媒文化公司，打算进军网络直播行业，准备到外地注册。廖俊波获知这个情况，跟陈智强商量，是不是考虑一下，让企业在本乡本土扎根。陈智强有顾虑，感觉网络直播行业口碑不是很好，庸俗化倾向严重。引进这样的公司，是一着险棋。

地图、规划图是廖俊波的工作好帮手。自2016年7月廖俊波就任武夷新区党工委书记以来，他自己研究、安排制作了五张图，分别是武夷新区总规图、南林核心区规划图、新岭工业园区规划图、将口片区规划图、兴田片区规划图。每一张图都按照他的要求，将武夷新区拟建项目、在建项目和招商项目落图标记，即时更新

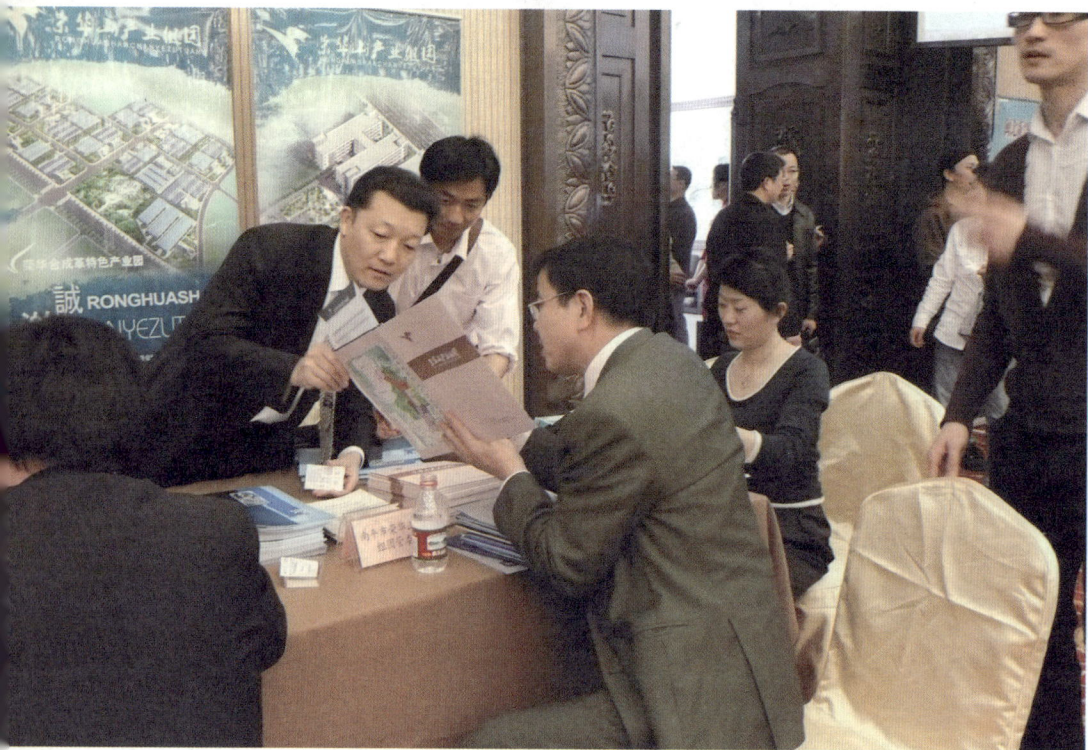

廖俊波乐于跟客商面
对面交流

廖俊波觉得还是去公司看看为好。

走了一趟，他笑言："不看不知道，我也可以当网红。"

陈智强记得，当时廖俊波就跟自己说，网络直播这个行业本身没有问题，关键是要引导好、走正道。网络直播，可以有才艺表演，可以说古论今，可以推介家乡美。互联网产业是新兴产业，有新的特点，要多了解，多学习，不可凭简单印象就轻易下论断。

除了遵循"眼见为实"，廖俊波还善于听取专业人士的声音。

正在建设中的衢宁铁路，在政和设了一个车站，就在星溪乡林屯村芳源自然村。当初选址时，廖俊波的意见是建在石屯镇雾路科。

他有自己的考虑。离雾路科不远就是政和同心经济开发区，承担着提升传统产业、促进新兴产业、促进产业聚集的重任，是政和经济社会飞跃的"发动机"。如果把车站建在附近，对于推动政和的发展是个利好。

现任政和衢宁铁路建设指挥部技术部负责人倪流辉回忆，当时廖俊波领着一群人，西至石屯西津，东至稻香茶场，爬青松岗，到松林坑，进金鸡山，走石门村，单单星溪里的山垄就爬了两次，看哪块土地合适。

他向相关机构表达了自己的意见，备选方案也拿出来了。但是专家精细论证，得出结论：雾路科不宜建火车站。

"廖书记说这没办法，要实事求是。"倪流辉发现，尽管有遗憾，但廖俊波欣然接受，没有抱怨。

因为，尊重科学、尊重知识，是一种素养，也是一种美德。

政和想发展菌草产业。大家都觉着靠谱，脑袋发热，雄心万丈，计划每个乡镇选一个示范点，抢先示范一年，上马55万袋，来一个热火朝天。

菌草技术权威专家、福建农林大学教授林占熺不同意。建议还是选三个村作为示范点，并定了个总体思路，即"积极稳妥，好中求快，跨越发展"。廖俊波二话没说，调整方向，毫不犹豫。

有时就是要勒住因追求速度而盲目奔袭的缰绳。

要在政和大力发展旅游产业的声音高涨之时，廖俊波忍不住泼了一小盆冷水，"旅游资源开发是一个周期较长的事情，目前大量投入财政性资金不大可能，也不可能一下成为旅游目的地"。也就是说，发展旅游，打基础的工作要慢，不可一味地贪求快。

政和有座佛子山，以石峰称奇。在几平方公里的山地上，矗立着数十座形态各异的山峰，有大腹便便的弥勒岩、威武勇猛的将军岩、面壁参禅的佛子岩、栩栩如生的琴童岩……要在这里搞开发，工程队伍都要开干了，廖俊波喊了一声"慢！"，连珠炮地提出了一揽子的问题：旅游的核心区放在哪里？山门放在哪里？接待中心怎么选？集聚区放在哪里？上山的路怎么设置？设置几条线路？要不要索道？如果要铺设索道有哪几个方案？

他建议请三家单位来做设计，都要一级资质的。各自拿出自己的思路，再请专家来认证。看哪一家的规划方案最优。其他两家有好的点子，尽量吸纳过来，加以完善。

最忌讳的是一拍脑袋的冲动。

搞美丽乡村建设，他有话要说：

尊重自然。就是尽量保持乡土风貌，风格原貌，自然留下来的东西是最美的，甚至一根稻草、一根芦苇也要保护起来。但这不是说无所作为。人文景观与自然融合，又富有变化，不要生搬硬套。尊重自然不是不改造自然、不利用自然。

传承历史。就是不搞大拆大建，留住历史痕迹和民风

民俗。

　　干净整洁。就是改水改厕，干干净净，东西摆放整齐。

　　产业带动。就是需要找一两个特色项目，让村里的财政增收，让农民致富。

　　在石圳村，应村民丁彩女之邀，廖俊波给她的小吃店取了个名字，叫"旧事乡味"。这个名字，多少体现着廖俊波的心思：不要忘了儿时的往事，不要忘了家乡的味道。其实也就是不要忘了"乡愁"。

　　"记得住乡愁"，可不是摆个磨盘、养几只鸡的事。廖俊波明确，美丽乡村建设，要客观冷静、实事求是，切忌轰轰烈烈开局、马马虎虎收尾，难以为继，成了个"烂尾"。

　　具体怎么干？他找到一棵"大树"。那就是中国科学院

廖俊波给石圳村小吃店取名"旧事乡味"

65

院士、东南大学建筑研究所所长齐康对武夷山建设规划时提出的，"宜低不宜高、宜散不宜聚、宜淡不宜浓、宜藏不宜露、宜土不宜洋"。他觉得，推进美丽乡村建设，这个理念值得借鉴。

在廖俊波南平市政府的办公室书柜里，就摆放着一本《创意设计——齐康及其合作者建筑设计作品选集》。

最是欣悦"解题人"

有太多的知识要学，有太多的事要干，有太多的人要见。

1968 年生人，属猴的廖俊波，恨不得真的是孙悟空，变出三头六臂，把一分钟掰成八瓣。

"如果一天有 48 小时就好了。"他曾经这样跟司机林军展望心目中的"科幻世界"。

"他的这个'优秀县委书记'称号，不是评出来的，是干出来的。"廖俊波的同事评价道。

且看他生命里的最后几天是怎么度过的：

3 月 11 日，周六，武夷新区，会议共计 12 项议程，凌晨 2 时结束；

12 日早晨 7 时许，坐动车前往江苏连云港招商；

12 日下午，回到武夷新区，开会至晚上；

13 日早晨 7 时许，坐动车赴北京参加招商洽谈；

15日下午，飞抵福州，赶回南平，参加会议；

16日，武夷新区，上午召开安置房工作会议，下午陪同客商考察；

17日，武夷新区，上午参加项目集中开工仪式，再研究审计工作，下午陪同南平市领导调研，晚上赶回南平；

18日，周六，上午协调会，下午研究武夷山国家公园有关工作，晚上计划赶往武夷新区会场……

好一个"俊波节奏"。咚咚咚，哗啦啦——铿锵锵——

时间安排得都要溢出来了，不留缝隙。

在他生命的最后45天，22个晚上在开会，14个晚上外

廖俊波参与武夷新区工作调研（邱冬勇 摄）

廖俊波一周工作安排

2017 年 2 月 3 日—2 月 12 日

周五　2017 年 2 月 3 日
上午　　2017 年第 1 次市政府常务会议
下午　　安排市领导调研武夷新区有关工作（武夷新区）
晚上　　赴南平

周六　2017 年 2 月 4 日
上午　　市委常委（扩大）会议
下午　　研究武夷新区有关工作（武夷新区）
晚上　　研究武夷新区有关工作（武夷新区）

周日　2017 年 2 月 5 日
上午　　研究武夷新区有关工作（武夷新区）
下午　　研究武夷新区有关工作（武夷新区）
晚上　　赴南平

周一　2017 年 2 月 6 日
上午　　市委常委班子成员述责述廉会议
下午　　研究武夷新区有关工作（武夷新区）
晚上　　武夷新区党政班子会议（武夷新区）

周二　2017 年 2 月 7 日
上午　　陪同书记、市长调研武夷新区（武夷新区）
下午　　陪同书记、市长调研武夷新区（武夷新区）
晚上　　武夷新区党政班子会议（武夷新区）

周三　2017 年 2 月 8 日
上午　　1. 研究南铝轻量化车身和技校建设等有关工作（武夷新区）；2. 研究武夷新区开工项目有关工作（武夷新区）；3. 会见浦发银行福建分行领导（武夷新区）
下午　　研究武夷新区征迁有关工作（武夷新区）
晚上　　市政府党组民主生活会

周四　2017 年 2 月 9 日
上午　　研究武夷新区有关工作（武夷新区）
下午　　武夷新区环保工作会议（武夷新区）
晚上　　市政府党组民主生活会

周五　2017 年 2 月 10 日
上午　　武夷新区专题会议（武夷新区）
下午　　赴泉州招商（泉州）

周六　2017 年 2 月 11 日
全天　　赴泉州招商（泉州）

周日　2017 年 2 月 12 日
上午　　调研武夷新区云谷水系等有关工作（武夷新区）
下午　　调研武夷新区 macare 妇产医院等项目选址有关工作（武夷新区）

廖俊波常一周工作安排

2017 年 2 月 13 日—2 月 19 日

周一　2017 年 2 月 13 日
上午　1.参加轻轨 ppp、南铝轻量化车身等武夷新区重点项目签约仪式(武夷新区);2.研究国土资源有关工作(武夷新区)
下午　研究武夷新区有关工作(武夷新区)
晚上　赴福州学习考察(福州)

周二　2017 年 2 月 14 日
上午　在福州学习考察(福州)
下午　在福州学习考察
晚上　传达福州学习考察精神(武夷新区)

周三　2017 年 2 月 15 日
上午　商务写字楼、历史文化名街、云谷二期工作推进会(武夷新区)
下午　研究武夷新区有关工作(武夷新区)
晚上　市政府第 2 次常务会议

周四　2017 年 2 月 16 日
上午　市委常委会议
下午　1.市委全委会;2.2017 年县(市、区)党政领导综治(平安建设)、环保目标责任书
晚上　赴武夷新区

周五　2017 年 2 月 17 日
上午　研究武夷新区有关工作(武夷新区)
下午　研究武夷新区有关工作(武夷新区)
晚上　研究武夷新区有关工作(武夷新区)

周六　2017 年 2 月 18 日
上午　武夷新区专题会议(武夷新区)
下午　武夷新区专题会议(武夷新区)
晚上　赴南平

周日　2017 年 2 月 19 日
上午　1.全市项目建设"百日攻坚战"动员会;2.全市经济运行分析暨"行动计划"督查落实第一次专题会
下午　武夷新区传达全市项目建设"百日攻坚战"动员会精神会议(武夷新区)
晚上　研究武夷新区有关工作(武夷新区)

出招商或在赶路。

工作就是他的命！

早年与廖俊波在邵武市拿口镇共过事的刘国民发现，这个人就像一块手表，时针、分针、秒针始终是在转的。

他简直要凌驾在时间之上！

林莉有时也烦了："好不容易在家吃个饭，也要拿着电话谈工作！"

有时还要跟他一起磨叽，为早起定闹钟商量个老半天，"七点二十呢，还是七点十六分？"真是分分计较、处处纠结。

一家三口，组建了一个微信群，他基本上不言语。平时要跟他通个话，多数时候是要给掐断的。慢慢林莉摸索出了规律：要么晚上过了 11 点再联系；要么问问他身边工作人员，看他是否有空闲；要么提前给他发短信或微信，预约时间。

跟自己的丈夫通个话，说个事，还要预约！尽管早已习惯了，林莉偶尔想起还是窝火。

她何尝不知道，眼前这个跟自己厮守了一辈子的男人，心里想着的是：干活干活，有事干，干成事，才是真正的活着。

她觉得这跟他是处女座有关，"认真，较劲，追求完美"。

又觉得这跟他理科出身有关，"碰到一道题目，一时解答不出来，就放不下。这样试一下，那样试一下。一旦得出了答案，哇——那种感觉是无法用语言来形容的"。

　　她发现，廖俊波的开心时刻，就是告诉她哪块难啃的骨头终于啃下来了。那时，四十多岁的年龄已经有了老年斑，长得像五十多岁的老廖，"笑得跟孩子一样"。

　　当然，林莉更清楚，还有更大的支撑驱使着自己的男人在闽北大地上疾走。

　　"我知道，当你面对党旗举起右手宣誓的那一刻起，你就不完全属于这个家了，更多的，你属于党，属于党的事业。"在廖俊波同志先进事迹报告会上，她深情地向丈夫诉说着"懂你，是最长情的告白"。

　　她心中明白，自己的男人是"天下人"。

购书"冠军"的幸福经

　　廖俊波这个人，真正的心怀天下。

　　他习惯了在图书的海洋里寻找新世界。

　　1997年，他在邵武市政府办公室工作。同事李昭忠回忆，当时廖俊波的办公桌子上摆满了各类书籍。一有时间，他就在拿着书，在看在写在画。当年，邵武新华书店推出一项惠民活动，办理购书卡可以有折扣。李昭忠偶然听见新华书店的人说，他们在统计当年购书卡的购买量时，发现购买图书最多的是一位名叫廖俊波的人。

　　年度购书"冠军"对书很痴迷。

　　他家里的书柜，满满当当：

廖俊波的书柜陈列

有《经济漫谈录》《WTO给中国百姓带来什么》《在经济学与哲学之间》《陌生的旋律——经济学概论》《企业为什么会失败》《现代市场调查与预测》。

有《三国演义》《资治通鉴》《黄帝内经》《三刻拍案惊奇》《新选唐诗三百首》《南怀瑾谈历史与人生》。

有《现代领导方法与艺术》《领导六艺》《领导者语言艺术》《世界名人演讲赏析》。

有《复活》《包法利夫人》《基度山伯爵》《福尔摩斯探案集》《飘》。

有《苦难辉煌》《黄河边的中国》《我的精神家园》《许三观卖血记》《2006中国最佳随笔》《中国探索诗鉴赏辞典》。

有《写作技巧词典》《中国实用文体大全》。

有《清洁生产技术指南》《闽北水利水电史话》。

有两个版本的《古文观止》和《少年维特的烦恼》。

有新书《造房子》。

他还惦念着一本新书，《差距》。

2017年3月6日，廖俊波带队第六次到北京洽谈某个项目时，偶然看到了这本书。回来后，就委托武夷新区管委会的同事张颖给自己网购一本。3月20日，新书送达，人已远行。

书是有生命的，昭示着拥有者的个性与风格。

廖俊波在南平市政府的办公室书柜里，摆放着《城市发展史——起源、演变和前景》《城市和区域规划》《城市色彩——一个国际化视角》《明日的田园城市》《城市设计新理论》《美国大城市的死与亡》《台湾的社区营造》……

这些图书的著者，来自世界各地、五湖四海。

想必是他要吸纳这些思想的精华，以建设自己心目中的一个有归属感的城市。

之所以有归属感，在于有获得感，有幸福感。

"天下人"，想着的还是天下百姓事。

"能够当一个领头人，让23万政和百姓过上更好的生活，这是一件很美妙的事。"这是他幸福的源泉。

"看着园区里的企业，从'星星'变成了'月亮'和'太阳'，不断地成长，这是一件很开心很好玩的事。"这是他践行了的诺言。

"如果干不好，老百姓早就放鞭炮轰你走了。"这是他在时刻自我警醒。

"我们只有一个共同的愿望，一切为了政和的光荣与梦

廖俊波生前购买的最后一本书，但新书邮到，斯人已逝

想；我们只有一个共同的声音，那就是政和好声音。"操着一口"闽普"，特别是"会""费"不分的廖俊波，曾经以万丈豪情，令政和人心潮澎湃。如今，政和人正在悉心传颂着"俊波好故事"，收集着"俊波好声音"。

"人和政通泽桑梓，品正德高志如松。"缅怀的声音、惋惜的声音、奋进的声音，与"俊波好声音"一道，正在闽北大地上空汇聚、升腾。

"忘身为国尘氛尽",
心向君子且践行

　　各级干部身处各种利益的中心区，身处各种人情世故的交汇处，如果言行上不自重自爱，就很可能在廉洁方面出问题，让群众看不起，"要常修为政之德，常思贪欲之害，常怀律己之心"。

——廖俊波

一颗智慧的头脑

跟廖俊波接触过的不少人，现在回想起来，今生与之相逢，亦是一桩幸福事。

他在政和担任县委书记时，叶金星是县委办公室主任。他说这位书记开会讲话基本上都是自己拿着几页提纲，就条分缕析地说开了，省了文稿起草的繁文缛节。

关键是，这位书记说着说着，就梳理出了一二三四，边讲还边在白纸上写下来。他的字又好，工整，清晰。办公室工作人员直接拿去复印，给每位参会人员分发一份。

不少人说，廖俊波站得高、看得远，听他说话、聊天，长见识，很过瘾。

当大家都在为省道改造、高速开通，交通瓶颈眼看着就要打破而欢呼时，廖俊波却在提醒，交通改善了、便捷了，假如没有及时有效应对，反而导致现有资源大量外流。

还真是这么一个理。

福建省祥福工艺有限公司总经理杨忠，有一回到时任政

廖俊波参观工厂企业

和县委书记廖俊波的办公室谈事。说着说着，廖俊波的一句"员工的幸福指数要逐步增加"，点醒梦中人。

杨忠说，以往自己对于员工的福利管理，都是很随意的，没有什么计划，经常只关注一次性的福利额度。按照廖书记的观点，不仅要在物质上替员工着想，更要让员工在精神上感受到自己在企业工作的价值。

受廖俊波的启发，杨忠对公司相关条款进行了完善。比如把"服务5年以上的老员工每年补贴500元"，修订为"服务满5年的员工可以享受老员工补贴，并且补贴数额也按相应的比例逐年递增，上不封顶"。他感觉，几年下来，员工更有干劲，团队也更团结。

"良师益友！"杨忠让廖俊波重新找回"传道授业解惑"

的师者初心。

后来，杨忠想到外地建立一个集产品研发、销售于一体的运营中心。准备工作已经就位了，但心里不踏实，想着还是要请廖书记把把脉。按说，这个项目并没有落户政和的计划，政和也不具备落户的基础，廖俊波可以不理"朝政"。但既然是朋友相称，去请教的不觉得别扭，准备提建议的也不觉得与己无关。

廖俊波支招了：新产品战略的开发要适应环境，适应市场，要建立企业自己的标准。不一定要追求那种极致的产品方案，适应环境就好。

话题进一步引向深入：我的梦想是建立起政和的城市风格。企业的发展和城市的发展建设其实有相通的地方。最重要的是要根据自身的特点找到一条适合自己发展的路子。不能把世界 500 强的企业管理模式照搬到你的企业上来，同样不能把上海市的发展规划照搬到政和的发展上来，要内化，要消化，借鉴他们的经验，走出自己的特色。

这是一颗智慧的头脑。

廖俊波是"咨询师"，是"设计师"，不断地给人的观念打开一扇又一扇的门。

浦城县古楼乡乡长孙杰跟廖俊波共过事。在他看来，这个人什么都懂。

有一回，廖俊波问孙杰：领客人到会议室，怎么安排入座比较得体？孙杰一愣：随便呗。廖俊波有自己的考虑：客人来到一个新的环境，如果让他背朝门入座，万一门开了，他多少有点慌乱了，没有安全感。最好是请客人面朝门的方位入座，这样他就心安一些。

无微不至，要让别人觉得舒坦。

为别人着想，于廖俊波而言，是本能，是习惯，是脑海中不假思索的第一闪念。

身为班主任的林莉，晚上散步，不自觉地要到学校附近的网吧转转，看是否有学生偷偷来玩游戏。恰逢廖俊波有空，她就拉着丈夫一起"侦查"。一边走，一边抱怨：这些孩子，真是不懂事，网络游戏有什么好玩的。

廖俊波要发表意见了：先是定性，这么想问题有点不成熟。"子非鱼，安知鱼之乐"。大人不玩网络游戏，怎么能体会到游戏的乐趣。大人怎么就不能站在孩子的角度来看问

2012 年 7 月 20 日，廖俊波在政和县调研（徐庭盛 摄）

题。再说，这个时代，虚拟社会是存在的。人跟人要在现实世界交流，也要在虚拟世界沟通。藏着掖着，终究不是个办法。

林莉抬头看了看自己的男人：要是这个人还在教师岗位上，师生关系会有多好！

跟他在一起，林莉这个处于一线的教育工作者总是深受教育。

她原本喜欢写日记，后来工作忙了，只好搁下。想起时不免感伤一番。

廖俊波就开劝了：写日记，就是为了保存回忆。但勾起回忆的，不只是日记，还有曾经的一些小物件。把这些物件保留下来，留待今后在不经意间相遇，往事也就复苏了。

这个人，脑袋怎么这么灵光？

陈智强发现，廖俊波有个习惯，开会时手头有两支笔，一支笔芯是黑色的，一支是红色的。黑色的用来记录，红色的用来画要点。可谓是泾渭分明，问题的重点他自然是成竹在胸。

2017年1月21日，在武夷新区园区企业家座谈会上，廖俊波发言时的首句就是："今天你们提的问题里，共性的问题10个，个性的问题19个。智强，你听，我给你一一列出来……"

当身边人为他的识见与聪明折服时，他正色地告知这不是重点，"想干事、能干事，能不能干成事，关键是用不用心。任何事情，不用心，你就是再聪明、再本事都没有

2014 年 2 月 1 日，廖俊波（右三）在政和县松源村走访慰问群众

用的"。

能这么想问题，何尝不是有识见的表现。

翻读根据他的讲话录音整理出来的文档，总是感觉智慧在闪光。

衡量一个地方的发展有没有把握好，总的脉络如何，廖俊波列出了一个"公式"：先看方向对不对。方向对了，看重点有没有突出。重点突出了，组织实施是否有力有效。组织实施有力有效了，推动的力度够不够，这个过程有没有纠偏机制。

一句赶着一句，一环扣着一环。

有次谈及"中梗阻"的问题。说局长抱屈，自己是同意了的，哪知道科长不作为。言下之意板子应该打在科长身上，跟局长不相干。廖俊波喊一声"且慢"，说实质上这原本就是局长的问题，"出现这种情况，说明局长工作不深入，工作作风有问题，管理能力有问题，工作水平有问题。主要领导要对一个地方、一个单位负主要责任，出现这样那样的情况，主要领导就是第一责任人"。

把事情给看透了。

对于口号满天飞的现象，廖俊波也有话要说：提口号可以，但应该是有实质性的工作要求，否则总结出来的，今天三个"五"，明天四个"五"，到时候问你这两个"五"是什么具体内容你自己都不记得。那只是个形式，没有意义。

针砭时弊，切中要害。

谈及工作，廖俊波时不时冒"金句"。

2017年2月20日，出事前不到一个月，他在一次会上说人要讲诚信。搞招商引资，少不了要给企业家"画饼"，吸引他们入驻。但不能一直"画饼"，否则人家就觉得这是欺骗，"画的饼要变成真实的饼他才开心"。

在叶金星眼里，有时这位领导能出"坏点子"。

上级领导来视察，有时廖俊波亲自规划行车路线。叶金星一看，绕路得厉害啊，七拐八拐的，很不科学。看来这位书记对政和的路况不熟悉。

赶紧跟廖书记汇报，挨了一顿批评回来。

廖俊波是故意的。他精心"策划"，想着沿途哪个地方的问题亟待解决，就顺着车窗"不经意间"跟领导汇报。再从随身带着的黑色大帆布包里掏出图纸、文件、报表等，征求领导意见。当然，更多时候，是"缠着"甚至"逼迫"领导现场办公，不给具体政策不罢休。

这么一个人，有什么办法！

能文能武，能上能下，能务实也能务虚，廖俊波是一个灵动、丰富的人。

跟劳模座谈，他对"劳动"有形而上的梳理与阐发。

说从劳动者主观能动性发挥来看，劳动有主动劳动和被动劳动之分。主动劳动讲究一个创造性，善于出点子，有办

廖俊波慰问政和同心经济开发区一线工人

法、有思路。被动劳动就是应付，消极以对，没效率，打不起精神。

说从目的性来看，劳动又可以细分四个层次：为生存、为名利、为责任、为价值而劳动。一般人能做到爱岗敬业，尽到工作的本分，也就不错了。但领导干部不可止步于此，而是要"居庙堂之高则忧其民，处江湖之远则忧其君"，不为名所累，不为名所迫，把付出当作一种态度。这是更高层次的敬业，是最执着、最快乐的劳动。

感觉有点"夫子自道"。

最快乐的劳动是为价值而劳动。廖俊波的"快乐观"就与价值有关。

他发问：你为你小孩子洗尿布的时候，你会觉得很难受吗？

他自答：不会，你是感觉快乐的。

"人还是要有一点信念的。如果你的信念确确实实想为一个地方百姓干活，确确实实想为更多的人做点事，你所有的工作，你都觉得是值得的。"做值得做的事，自然是快乐的。

所以，他的快乐无处不在：广场上，那么多的人在跳舞健身休闲，小孩子在一旁尽情地嬉戏，他感觉很快乐；在园区，企业家的生意蒸蒸日上，他感觉很快乐；在村里，老百姓喝上了干净的水，他感觉很快乐……

同事行将退休，原本想着自己是豁达之人，对退休之事一贯看得开。哪知道事到临头，还是难免失落。他跟廖俊波谈心：就像坐火车，从火车上走下来时，眼瞅着火车轰隆隆地渐行渐远，感觉自己跟这个世界已经没有什么关系了，也是个渐行渐远。

善于做思想工作的廖俊波开始出招了：以前你坐火车，事务多，手头忙，是顾不上看沿途风景的。现在有时间了，应该换一个角度，留意一下窗外两边的风景，那是非常美的。路边的风景这么好，你何必在意火车是走了还是来了。

"情到深处自然浓"

善讲道理的"廖夫子"也有可爱之处，时不时给身边人带来欢乐。

他平时不做家务，但一有时间就陪爱人买菜、买衣服，给人家宽心。林莉的衣服和化妆品，他基本上都包揽了。

"老婆是用来哄的"，这是他的"家庭观"，也是"婚姻观"。

比如说，出差，时间紧，没有空买什么礼物。怎么办？他的经验是就地取材。比如说捡上一块石头，要漂亮的，有特色的。但不可以跟老婆说，我没有时间给你买礼物，就在路边捡了一块石头，聊表心意，你就凑合着收下吧。那就太没有档次了，甚至适得其反，惹人家生气。得通过"加粗加宽加厚"的方式，适当赋予这块石头以特别的意义。这时就需要"善意的谎言"了。可以这么说：这块石头原本在山崖

廖俊波跟家人在一起

上，眼瞅着就不一般。我就爬上爬下，把它采下来，想着你肯定喜欢。

铺垫得这么有爱，不喜欢才怪。

生活上的性情，自然要辐射到工作上。

孙杰记得，有次他们一行陪同廖俊波出外往单位赶。在车上，廖俊波谈兴正浓。到了目的地，中午十一点五十五分。距离下班还有五分钟，大家的意见是散了吧，各回各家。廖俊波耍起了"小脾气"：还有五分钟呢，再扯五分钟的！

贫困地区引进投资项目有多难？他说每一个项目的引进过程都可以写一本书，"一个项目落地，需要千百个理由；

廖俊波的妻子林莉目前担任南平一中物理教研组组长，2014年12月被南平市教育局评为"南平市中小学骨干教师"，2016年9月被南平一中评为"南平一中第二届名师"。廖俊波经常鼓励妻子说："孩子们喜欢你，你就多辛苦一些，可不能误人子弟呀"

占起建师傅说："廖俊波到金剪刀理发，每次都是坐这个位置"（李隆智 摄）

一个项目不落地，只要一个理由"。并叮嘱部下要理解企业家的慎重与苛刻，"某种意义上说，他们投资一个项目比换一个老婆还要慎重"。明明开玩笑自己却不笑，还说"这不是开玩笑的事"。

工作压力大，加班是常态。出事当月的一个夜晚，他和同事在楼道里相遇了。聊着工作上的杂七杂八，兴奋了。他们跑到政府大楼附近的小店铺买来两瓶啤酒，就着一包花生米，继续开阔天空地聊。

酒中滋味，快意淋漓。

真君子有收有放，大丈夫有情有义。

工作节奏如"铁人赛"选手的廖俊波，有品位，重感情，爱是在的，心是烫的。

2015年11月23日，他从政和县委书记的位置上卸任。在全县领导干部大会上，这个人内心起了波澜。

他说，一转眼四年多，就要离开了，还是感觉很突然。

他说，人啊，感情是很容易被引发的。在政和四年多时间，他只到金剪刀理发店找阿建师傅理发。理发也理出感情了。最后一次理发，阿建师傅说，头发少了，白头发多了，要送他防脱洗发水。这让他心里很不是滋味。

他说，昨天自己整理行李，突然有非常不舍甚至孤独的感觉。四年多来的一幕幕，像放电影一样清晰。

话传到了理发师占起建的耳朵里，这样的一番情谊，令他心里暖乎乎的。

曾经甜蜜的一家三口

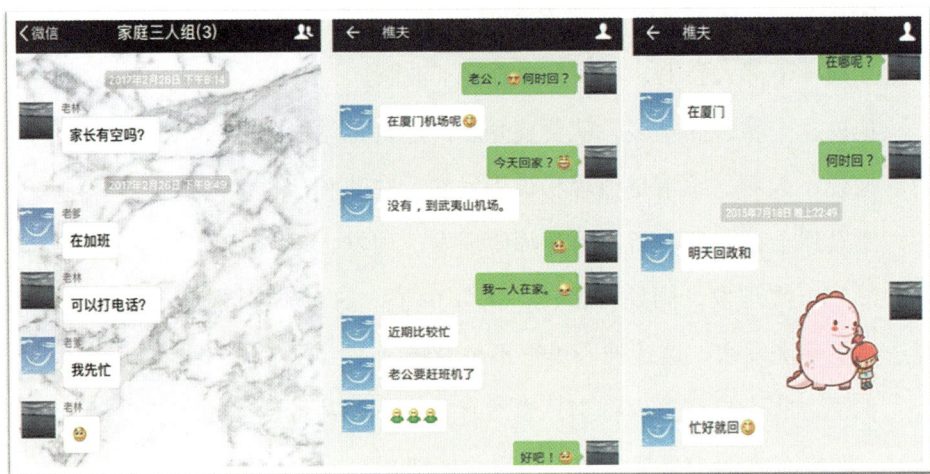

廖俊波一家的
微信群，他在微信
中自称"樵夫"

占起建记得，2016 年冬天的一个傍晚，廖俊波出现在理发店门口。此时，他已经是南平市委常委、常务副市长了。他跟占起建说，自己到政和来办点事，特意来这里理个发，等一下还要回南平市区。

他念着这个老交情。

理发完毕，老规矩，廖俊波掏出钱包。占起建说着"算了算了"。一声"那不敢"，廖俊波就匆匆走了。

这是占起建最后一次给老朋友打理头发。

君子之交淡如水，而且是一杯温开水。

跟家人，则是情到深处自然浓。

他们一家三口有个微信群，平时都是母女俩在发言，闹腾一番，廖俊波很少"冒泡"。但林莉发现，只要有空，他就"爬楼"看每条消息。还有她的微信朋友圈，廖俊波从来不留言，但都会认真看，觉得有什么需要跟爱人交流的，找个合适的时机，好好地谈一谈。

林莉的生日，廖俊波再忙也记得。即便是"老夫老妻"了，也要变着法子，送上一份意外的惊喜。林莉说，有一年生日，廖俊波忙完手头工作，已经是过了夜里 10 点。回家路上，他买了一大束鲜花，红玫瑰、白百合，还特意点缀了一大圈蓝色满天星，"那一刻，我幸福得宛若初恋"。

2012 年，一家三口两地分居。"七夕"时节，为了给廖俊波一个惊喜，林莉和女儿悄悄从南平市区赶到他任职的政和县。没曾想，他却到南平市区公干了。林莉和女儿在政和候着。直至晚上，廖俊波才赶回，随身带着两盒巧克力，母女一人一盒。林莉记得，自己的那盒巧克力上，是廖俊波手写的"你若安好，便是晴天"。

"隔水问樵夫"

其实，廖俊波不时透出自己的一颗"文艺心"。

跟老师聊天，他说的是"甘将心血化时雨，润出桃李一片红"。

跟青年座谈，他引用的是美国作家塞缪尔·乌尔曼的精短美文《年轻》片段：

年轻并非人生旅程中的一段时光，也并非粉颊红唇和体魄的矫健，它是心灵中的一种状态，是头脑中的一个意念，是理性思维中的创造潜力，是情感活动中的一股勃勃的朝气，是人生春色深处的一缕清新。

"耕犁千亩实千箱，力尽筋疲谁复伤？但得众生皆得饱，不辞羸病卧残阳。"南平作家古道透露，南宋名相李纲这首名为《病牛》的自喻诗，廖俊波曾经在吟诵时感慨不已。

"心中为念农桑苦，耳里如闻饥冻声。"借用白居易的诗句，他表达心迹，自励自勉。

不必惊讶。学物理出身、搞工业园区有一套的廖俊波，曾经是一个典型的"文艺青年"。

他写得一手好字，对书法很痴迷。在南平师范高等专科学校就读时，还是校书法协会物理系理事，获得过校书法大赛三等奖。在他家个人的书柜里，摆放着一本《如何看懂书法》，还有一本书法大家启功的《浮光掠影看平生》，其中收录了《论书随笔》《书法入门二讲》《破除迷信——和学习书法的青年朋友谈心》等。

后来，他把这个爱好闲置了。

没有时间，是个原因。林小华还透露，当政和县委书记时廖俊波跟他说过，在这个位置上练书法，不合适，好像给人家一个什么信号。

廖俊波善于向内用力。

过年贴春联。林莉怂恿他写，一笔好字，久藏"深山"，可惜了。廖俊波不从。林莉生气了，对联也不买，在门口贴了个"福"字了事。

有时也馋。林莉说，如果夜深有点边角料时间，廖俊波就打开电视看看书画频道，过过瘾。

不经意间，还是在公开场合把"秘密"外泄了。

2014 年 12 月 2 日，在政和县第二十二次团代会开幕式上，他在即兴讲话中告诫年轻人切莫眼高手低。书法成了他立论的引子，"书法的最高境界是心手合一，讲究的是眼界要高，手也要跟得上，这样写出的书法才会好看"。

总算有了个恰当时机，给深藏着的爱好一个小小的安慰。

2015 年 6 月 1 日，廖俊波来到政和实验小学，跟孩子们一起庆祝节日。看了孩子们做游戏，也看了他们表演节目，廖俊波兴致勃勃，参观了学校举办的以"描绘中国梦"

2015 年 6 月 1 日，廖俊波来到政和实验小学，兴致勃勃参观了学校举办的以"描绘中国梦"为主题的师生书画作品展

为主题的师生书画作品展。

教师张积义记得，当时他在教师杨家洪抄写的书法长卷前，默念了十几分钟，还跟杨家洪探讨了落款的时间和格式，看得专注，说得专业。

有时难免心痒、手痒。时机来了，也不过蜻蜓点水、聊以自慰，仅此而已。就这么着，生生把一个多年的爱好给摁住了，下手够狠的。

除了书法，他对摄影也有着浓厚兴趣。读师专时就担任校摄影协会理事长。在邵武市大埠岗镇政府工作期间的同事熊木春记得，当时他拥有全镇最好的一台相机。听说杨梅开花是在晚上，一闪就谢了，来了兴趣。选了一个晚上，到当地的道峰山找了棵杨梅树，等花开。熬了一宿，无功而返。

后来，他基本上不摸相机。

在南平市政府他的个人办公室书柜里，摆放着几本关于摄影的书籍，有《影像的力量——世界摄影大师经典作品解析》《瞬间的预谋——摄影思考与人文摄影之道》等。这些图书有个共同之处，就是塑封都没有来得及拆下。

是不是他以这样的方式，稍稍犒劳一下自己，解解馋？

他的微信昵称是"樵夫"。

明代杨慎有词："白发渔樵江渚上，惯看秋月春风。"唐代王维写有诗句："隔水问樵夫。"中国传统文化语境下的"樵夫"，往往不是一个辛苦、忙碌的劳作者，而是已经在"彼岸"了，过着闲适而自足的生活。是不是在繁忙事务之余，廖俊波默默地朝着另一种生活深情打望？

他的微信头像是深蓝的天幕上，白云在飘，恰好在天际画下一个萌萌的笑脸。天高地阔，云淡风轻。他是不是有时也向往闲云野鹤般的自在？

林莉说，廖俊波问过，如果自己跟她一样还在当老师，家里的日子可能是个什么样子？"肯定更自在"，林莉回答。廖俊波不接腔。

因为没有假设。因为他把属于自己的一切都放下了。

可以设想，曾经有一阵子，廖俊波的身子里有两个声音在吵架。一个说"过好自己的日子好了"，一个说"去给别人干点事吧"。几番较量，后一个声音的分贝更大，也更有力。这一刻，他听从了信仰的召唤，他安妥了自己的内心，

廖俊波给女儿取名为"质琪"。寓意是"品质似君子，温润如美玉"

95

也笃定了自己的人生路。

林莉依然记得，1992 年 3 月的一天，廖俊波问她，唐诗诗句"悔教夫婿觅封侯"是什么意思。林莉回答：还不是闺妇想老公了。廖俊波深呼吸，对妻子说："我要转行去乡政府工作了，你要想清楚，会不会后悔哦。"

言下之意，此时，他已经想清楚了。使命与信仰不允许他"独善其身"。

很小的时候，女儿就能背诵"先天下之忧而忧，后天下之乐而乐"。她记得，是爸爸一个字一个字教的。

在担任邵武市拿口镇镇长时，女儿问他是不是镇上最大的人。他回答："不，爸爸是全镇最小的人，因为爸爸是为全镇人服务的。"

他给女儿取名为"质琪"。寓意是"品质似君子，温润如美玉"。

何为君子？朱熹屡次发言："古之君子如抱美玉而深藏不市。""君子小人趣向不同，公私之间而已。""君子于细事未必可观，而材德足以任重。"

这位宋代理学集大成者，一度蛰居南平境内的武夷山，兴办书院，著书立说。身处一隅，心怀高远，天下大业，了然于胸。在目睹百姓深陷灾难旋涡之际，不禁疾呼"若知赤子元无罪，合有人间父母心"。

他的意思是，为政者，当有一颗"人间父母心"。

在廖俊波的老家浦城县，设有真德秀广场，立有真德秀雕像。朱熹的这位追随者，在乡梓受到至高的礼遇。历史人物被缅怀被纪念，是因为他们的思想与精神，跨越时空阻隔，尚有回音绕梁。浦城才俊真德秀，曾经公开亮出自省自戒的"十六字箴言"，即"律己以廉，抚民以仁，存心以公，莅事以勤"。

廉仁公勤，何时都是为官的至要。

在方位上与浦城成对角线的南平市顺昌县，清代出了一位志士，名叫饶元。这位远在京华的富贵商贾，听闻全闽因叛乱而沦陷，旋即变卖家产，毅然弃商从戎，并写下"忘身为国尘氛尽，荡产轻金粪土挥"的诗句，透着决绝的激越与高迈。

廖俊波的书柜中放着《闽北诗谭》，其中就有"律己以廉，抚民以仁，存心以公，莅事以勤"十六字箴言

这些故土上先贤们曾经发出的铿锵声音，无法确认廖俊波是否有所耳闻。不过，既然都是一方土地上长出来的果实，想必有着血缘、地缘上的亲近，以及气息上的贯通。特别是，他们还都是一颗颗壮实、光亮的果实。

何况这些闪亮的句子，都摘自图书《闽北诗谭》与《闽北典故》，它们就摆放在廖俊波书柜的显要位置。

"打铁匠"的硬朗之气

廖俊波更以实际行动让这些声音落地了。

在政农食品有限公司总经理宋宏华看来，廖俊波有多重

身份：是"咨询师"，是"顾问"，是"点子大王"。企业发展遭遇了什么困境，跟他说一说，总是能收获几条有价值的建议。有时他还是"心理医生"，经常能给予精神鼓励，扫除阴霾，把信心重新激活，"很管用的"。

慢慢地，宋宏华养成了一个习惯，每逢研发出了新产品，都要带着一点样品，设法找到廖俊波，请他尝一尝，提提意见。有一回，宋宏华刚在他的办公室落座，这位廖书记叹了一声：唉！真是吃人嘴短！来！今天给你的品牌建设提点意见。

说罢，他拿出笔记本，一个系统的品牌建设三年规划方案在宋宏华的面前铺开。

不过，凡事有个度，要拿捏个分寸。

"他跟我说，有什么事随时给他打电话。又开玩笑说，打架的事可不要找他。"宋宏华说。

看似一句玩笑话，划出的却是一道底线。

可以"亲"，但必须"清"。

邵武市大埠岗中学物理教师江宝文，是廖俊波在南平师专就读时睡在上铺的兄弟。有一段时间，他动过心思，想请廖俊波帮忙，把他调到城里工作。后来听身边的同学说，这个人一直很正，是不给亲朋好友办私事的。江宝文就打消了这个念头。

大家都明白了，这个人，身上是带着"清风"的。

廖厚祥曾经担任邵武市大埠岗镇党委组织委员。他是廖俊波的入党介绍人，还是证婚人，有"知遇之恩"。他找时任邵武市副市长的廖俊波批个项目，三五万元就行了。廖俊波一脸的歉意：这个事要讲原则，这个口子不能开，"他连说'那不敢''那不敢'，还请我不要见外。他很真诚，让我很不好意思"。

清风吹拂大地，芳香幽然致远方。

说着"那不敢"，把368元的皮鞋挡在"门外"的廖俊波，还请张斌网购过几本关于电商的图书。拿到书时，廖俊波执意要付书费。张斌觉得这实在没有几个钱，不合适，算是一份小小的礼物吧。廖俊波顺手拿起一包茶叶，要张斌拿着，"物物交换"。点滴小事，都让张斌对他敬重有加。后来，有人出主意，说你跟书记关系这么铁，怎么不找他批块地。张斌摇了摇头，"我不想破坏跟他之间的朋友感情"。

2015年6月，廖俊波被授予"全国优秀县委书记"

如果知道"小兄弟"能这么想问题，想必廖俊波会倍感欣慰。

感情这事，建立起来不易，毁起来却容易得很。

廖俊波觉得打扑克牌影响感情。在一次会上，他公开反对县上领导干部打牌，"尤其有两种牌不能打，一是下乡工作不能打牌，二是和企业家不能打牌"。

事业要上去，干部要完整。他叮嘱大家重自爱。因为各级干部身处各种利益的中心区，身处各种人情世故的交汇处，如果言行上不自重自爱，就很可能在廉洁方面出问题，让群众看不起，"要常修为政之德，常思贪欲之害，常怀律己之心"。如果谁"偷吃"了，把公家的钱放入个人口袋，那就不客气了。

陈智强回忆，廖俊波有次到北京公干，空出了一个下午的时间。就跟他通话，问是否有什么公司可以临时登门拜访的。陈智强知道，廖俊波的父母，在北京跟他的小妹妹一起生活。好不容易空出的时间，可以歇一歇，去探亲嘛！廖俊波回话：看父母放在晚上，下午是上班时间。

南宋诗人周紫芝的《竹坡诗话》记载，古时有一官员，夜晚在烛光下办理公务，恰好家书送达。他当即吹灭了公家蜡烛，点燃了自家蜡烛。今有廖俊波，八小时内外多在忙公事，八小时内尽量不忙私事。

既然县委书记是"作风建设的打铁匠"，那么打铁匠自身要过硬。

"探路者"廖俊波，为了事业，为了百姓，夙兴夜寐，披荆斩棘，不断地开辟新路。一旦涉及自身，就把各个路口堵得严严实实，毫不客气。

政和日新月异。荣誉和褒奖涌向他个人时，他忙不迭地做着解释：这得益于省上 23 个一般发展县的扶持政策，政和有了强大的后援，"大手牵小手"，阔步往前走。再一个，就是交通条件大为改善，政和的区位优势彰显了出来。交通布局改善了，也就有了基础和底气来谋划产业布局、城市布局。三大布局联动起来，要想阻碍前进也难。

这个节点上，接力棒传到了自己的手中。不跑好这一棒，眼睁睁地看着最佳窗口期如水逝，就是不称职，就是"暴殄天物"。

"我们做了一些工作，再加上大家很齐心，所以有了一些发展。"廖俊波淡淡地描了描。

不邀功，不贴金。

2015 年 7 月 13 日，在全省县（市、区）委书记座谈会

上，廖俊波透露，自从获得"全国优秀县委书记"称号以来，他要求政和县的媒体不再播转各类媒体上关于他个人事迹的宣传报道。另外，跟中央领导同志的集体合影，已经交给县档案局保管。因为荣誉属于政和，不属于个人。

他说，心态要"归零"。

当年 11 月 23 日，在他离任时，他再度申明，个人的力量是有限的，"全国优秀县委书记"这么高的荣誉属于肝胆义气、干事创业的政和群体。

他主动划定"公"与"私"的界限，更把"私"盯得紧紧的。

林莉说，廖俊波从邵武调到南平的第二天，就在一个普通的居民小区里买下一套二手房。他告诉妻子，自己是市政府副秘书长，负责协调、联系城建工作，少不了要跟开发商打交道。早早把房子买下，以后工作上就可以省下不少麻烦。

一个见面寒暄的由头都不给。

他在政和工作时，林莉和女儿住在南平市区。母女每次去看他，只能住宿舍。有人建议，他们应该在政和安一个家。廖俊波恼了，"他很严肃地跟我说，这是我当政的地方，不能这么干。如果我们不廉洁，你真的要'悔教夫婿觅封侯'了"。

林莉越来越明白，自己嫁给了一个公私分明的人，心中有明镜、做事有尺度。

偶尔廖俊波也有随便之处，这时的林莉反而成了一道屏障。

廖俊波与家人合影

有一回，夫妻俩急匆匆出门上班，各走各的路。廖俊波就说了：你要赶着上课，可能时间来不及，坐我的车子吧。林莉回问了一句：这是不是公车私用？

"有那么一个时间，我都忘了这个事。感谢她及时提醒我。"廖俊波在一次谈话时向妻子表达着敬意。

女儿也非等闲之辈。廖质琪上大学时，同学问她爸爸是干什么的。她回答：包工头。

她不说是个"官"。

廖俊波知道了，这回是"没脾气"，嘿嘿笑。

他们一道把"家风"呵护得清爽、纯正。

"上学时，我们要求他必须对着镜子穿戴整齐，眼睛要平视，要对老师、学生微笑。"母亲季平英回忆。还说："外婆小时带他，常对他说，世上每一片树叶，都有一滴露珠养着。"

童年的记忆，想必在廖俊波的心坎上扎下了根。

老父亲廖芝根对儿子也是千叮咛万叮嘱："老百姓见官都要想一想，心里是胆怯的。你见人家时，要笑着对人家说话，这样人家才不会害怕，才会对你说真话。"

他想儿子了，要到政和来看望。廖俊波原则上同意了，但"约法三章"：不准公车接送，不准住在宾馆，不准接受吃请。老父亲听从了，在政和期间，吃住都在老朋友谢炎孙家里。

用曾经的同事孙杰的话说，廖俊波这个人，不完美，但纯粹。

工作上是"拼命三郎"，生活上近乎"苦行僧"，有人说，这样的人，一辈子就像一张黑白照片。想必对摄影感兴趣的廖俊波心知，就像有声电影最大的发明是静默，彩色摄影时代最大的发明就是黑白。黑白照片蕴藏着的丰富与魅力，一般人，理解不来。

纷繁世界，简单至上，心安最大。

《闽北典故》记载，宋时从这里走出的理学家蔡元定有言："独行不愧影，独寝不愧衾。"

七尺男儿坦荡荡。

一句"我们"重千钧，
百姓相认自家人

　　不要老把自己当个官，更多的是一种责任，干事创业的责任。

　　对群众要平辈论交，不摆架子。这样群众才会跟你讲真心话，才能直接从他们那里得到实用的好点子。

——*廖俊波*

播撒希望的"种子"

或许是父母长辈的叮咛在廖俊波那里总是神圣的，他历来对个人形象很在意。

用同学江宝文的话说，他爱整洁，在穿着上总是"清清楚楚"。

白衬衫，藏青色休闲裤，皮鞋，是标配。白衬衫几乎每天一换，身边不离熨衣板，自己动手，把衣服打理得有棱有角。

孙杰回忆，廖俊波在荣华山产业组团管委会工作期间，要求男员工夏季不能穿圆领的衬衫，必须穿立领的。这是规矩。

翻看他生前的照片，重要场合，西服笔挺，领带端正，发丝有序，不含糊。

可惜头发越来越不争气，白发正在扩大战果。他干着急。逮空问从事电子商务的张斌，网上有什么好的法子。

2017年3月3日下午3时26分，"红色法拉利"张斌给"樵

白衬衫，藏青色休闲裤，皮鞋，是标配。白衬衫几乎每天一换，身边不离熨衣板，自己动手，把衣服打理得有棱有角

夫"廖俊波发了一条微信，告知野菜马齿苋可以"克制"白发，还护肝，不妨一试。

廖俊波回复：嗯。后边跟着三个代表"愉快"的微信表情。

可是，廖俊波对外在形象的讲究，并不妨碍他跟老百姓的交情。

作家汪曾祺写赵树理，说他总是一身蓝卡其布的制服，冬天偶尔也穿一件呢面礼服。令人不解的是，赵树理到山西上党农村体验生活，也穿着这件礼服。要说这是个大忌。下乡总得穿得像个农民，至少像个村干部，哪有穿呢面礼服的？但乡亲不在意，男男女女，老老少少，还是跟他无话不谈。

"看来，能否接近农民，不在衣裳。"汪曾祺说。老百姓心如明镜，这个人始终是他们的"老赵"。

廖俊波也始终是当地百姓心目中的"廖书记"。

陈艳就一直念着这位"廖叔叔"。

1999 年 7 月，初中毕业生陈艳收到了泉州经贸学院的录取通知书。家住邵武市拿口镇朱坊村四组的陈艳，家庭经济条件有些糟糕，母亲的身体一直不太好，全家人的生活支出仅靠父亲农耕的微薄收入支撑着。寒苦家庭收到录取通知书的喜悦还没有退却，学杂费就成了这家人心头上的一块石

逢年过节，廖俊波心里总惦记着村里的乡亲

头。父母思虑再三，就让陈艳暑期到镇上的竹筷厂打工。虽然没有明说，但陈艳心里大致明白，这就是说，丫头，你就安心打工吧，不要有别的什么想法。

有一天，傍晚下班时，陈艳想回家。竹筷厂到拿口镇的最后一班车已经走了，她步行了近5公里的山路，回到了镇里，搭上了最后一班回朱坊村的班车。也许真的是命中注定，时任拿口镇镇长的廖俊波，第二天恰好来到朱坊村入户走访。听说了陈艳的这个事，主动登门跟她的父母亲聊了聊，问了问详细情况。再嘱咐两口子，再苦再穷也不能耽误子女的学业，因为知识是可以改变命运的。

一粒希望的种子种下了。

他自掏腰包，每学期资助2200元，直至陈艳毕业。

她很珍惜好心人的一片好心。在校期间学习努力刻苦，加入了学生会，还被评为泉州市三好学生。后来，她一边工作一边读夜大，又取得了大专文凭，顺利通过了会计师资格考试。如今，陈艳在泉州一家房地产公司任财务经理。3月24日，她专程从泉州赶往南平，参加廖俊波的遗体告别仪式，见上她的廖叔叔最后一面，深情三鞠躬。

"遇见廖叔叔是我的福气。他是我生命的转折点。"陈艳说。

南平天天鲜食品有限公司董事长刁桂华，也感激于廖俊波在危难时刻伸来的温暖双手。

2011年的一场大雨，致使刁桂华的厂房周边出现塌方。出于安全考虑，她竞拍了一块新地，准备搬迁。哪知道刚交纳土地出让保证金，她意外成为一起非法拘禁案的犯罪嫌疑人，被关进了外省的看守所。最终检察机关决定不予起诉，但她回头办理土地出让事宜时，被告知要交纳上百万元的滞纳金。

原本就是受害者的刁桂华，伤口被撒了一大把盐。

她只好上访，四处哭诉，痴想拨云见日。好几年过去了。

2016年4月，好心人支招，这个事得找廖副市长。某某日子是他接访，到时再来喊冤，估计他会给个说法。

总算抓住了一根稻草。

刁桂华如期坐到了廖俊波的跟前。一番痛诉，得到的回复是："今天后面还有人等着。这样，你留下材料和联系电话，咱们改天详细谈。"

是不是一如既往的石沉大海？

一个星期过去了。

"五一"假期，大雨。廖俊波只身一人，叫了辆出租车，登门了。

刁桂华记得，廖俊波自己付了车费，由于没有随身带伞，下车后用手遮着头，一溜小跑，进了车间。

前后左右看了看，他跟刁桂华说，旧厂房存在重大地质灾害隐患，继续生产容易出问题，最好是先停产。关于土地出让的问题，按照相关规定抓紧处理。

再过几天，刁桂华接到电话。廖俊波以激动的声调，跟她说，问题解决了。

刁桂华的天空晴朗了起来。

廖俊波习惯了帮人帮到底。他跟刁桂华说，自己知道有家饮料企业，设备是新的，但没有订单，你们两家是不是可以合作一把？

"建阳食品加工厂是廖副市长牵线搭桥的，我的产品委托他们加工，这样两不误，这边可以盖厂房，可以搬迁，那边又可以生产产品。"刁桂华感觉障碍又给扫除了一个。

昔日是祸不单行，如今是好事成双。

政和县石屯镇石屯村村民林永年已经步入古稀之年。跟廖俊波的相遇经历，让他觉得这个人是处理麻烦的高手。

2012 年春季，有人通知他晚上到村上邓奕辉家开会，县委书记要来和大家见面，谈征地的事。"县委书记到老百姓家里开会，挺新鲜的，头一回"。在林永年印象中，廖俊波先是给大家递烟，再是招呼大家喝茶，聊着聊着就把建设同心经济开发区的意义跟大家讲了讲，还问大家有什么顾虑，都说说。

有人说：县上搞开发区，是好事。但山上有 600 多座祖坟，怎么办？

廖俊波回答：镇里打算建一座公墓，咱让老祖宗也住住新房，好不好？他们楼上楼下的，不也热闹嘛。

有人说：廖书记，以后征地标准提高，我们第一期被征的不就吃亏了？

廖俊波回答：决不让老百姓吃亏，一定会补齐。

疙瘩一一化开，进展平和顺畅。关键是人家不是耍嘴皮子，说话算数，一一兑现了。

家门口有厂子，务工方便了，日子也跟着红火了。林永年写了一副对子："改革开放农村盛开工业花，开拓进取城乡喜结丰硕果。"横批："立竿见影"。

与县委书记的"决定性瞬间"

71 岁的张承富也写了一副对联，贴在自家大门上。上联："当官能为民着想"，下联："凝聚民心国家强"，横批："俊波您好"。

他住在政和城关渡头洋，曾经是生活垃圾随意倾倒的地方，典型的脏乱差，而且洪水一来，直撞房基，存在安全隐患。附近居民想着改善环境，修建一条步行栈道，预算 60

张承富在自家大门上贴着一副对联。上联："当官能为民着想"，下联："凝聚民心国家强"，横批："俊波您好"（李隆智 摄）

万元，还有 20 万元的缺口，迟迟得不到解决。

2015 年 5 月，张承富听人说县委廖书记不错，很务实。就找来廖俊波的手机号码，抱着试试看的心态，发了一条短信。没想到廖俊波当即回应，请他到办公室面谈。

见面时，把详细情况摸清楚了，廖俊波跟他说，"放心，我们一起想办法"。

张承富很细心，记得当时廖俊波说的是"我们"。

"我们"，意味着没有隔阂，意味着平等与尊重。用张承富的话说，这是跟老百姓坐一条板凳的自家人。

"自家人"廖俊波及时协调水利和住建部门介入，并落实了专项资金。2016 年 6 月，一条长 280 米、宽 3.2 米的水泥栈道终于建成了，河道也给收拾干净了。渡头洋上 18 户居民感觉搬了一次新家，噼里啪啦，放起了鞭炮。

现在，星溪河畔上的这条栈道，成为政和城区百姓夜间散步的热门线路。

栈道的绿色护栏上，分别刻着朱熹的句子，"为学之道，莫先于穷理。""穷理之要，必先于读书。"

民间传说，当年朱熹的父亲朱松担任政和县县尉时，巡访路过现在的东平镇，恰好是饭点，就到一位屠夫家里就餐。"县太爷"来了，屠夫家眷不敢怠慢，拿出看家本领，将新鲜的猪膘肉剁成细末，配以蔗糖、地瓜粉，用蛋皮裹成状似人体骨骼条样，再放在强火上蒸。朱松食之，感觉不

廖俊波及时协调水利和住建部门，落实了专项资金，于 2016 年 6 月建成一条长 280 米、宽 3.2 米的水泥栈道

错，兴致勃发，将这道小吃命名"东平小胳"。

张义建是当地特色小吃"东平小胳"制作传承人。时任政和县委书记的廖俊波跟人闲聊，谈及当地有何特色小吃。当地人就把张义建喊来了。品尝了几块，廖俊波说不能白吃，要提点建议：现在人们生活水平提高了，传统的"东平小胳"有些油腻。是否可以在保持传统制作工艺的基础上进行改良？比如加些粗粮。政和的白茶很出名，能不能做茶香小胳？还可以把当地产的莲子、板栗、蜂蜜、玉米、芝麻都用上。总之是让口味可以更加多元化，让顾客有更多的选择。

道别时，互留手机号码，有事随时沟通。"人家是县委书记，你想想！我的心暖暖的。"张义建说。

不过，心里也清楚，留手机号码是客气。自己怎么可能动不动给一个县委书记打电话。再说，打了人家接不接是另一回事。

没过几天，廖俊波的电话打过来了。

原来他获知，有地方即将举行美食节，其中有个项目是地方特色小吃评比。他鼓励张义建积极参与，大胆地去亮亮相。

张义建很争气，制作的"东平小胳"获得第二届海峡两岸（连城）客家美食小吃节组委会颁发的金奖。

好消息，自然要跟好朋友分享。他赶紧联系廖俊波。收到的反馈是连续好几个"恭喜"。还让张义建把奖牌拿到自己的办公室，要亲眼看一下。

　　这么一来，县委书记的办公室，这个手艺人一年怎么也要去个好几回。2015年的一天，他骑着电动车去找廖俊波，讨教注册商标的事。天公不作美，中途下起了雨。说了一阵，准备离开时，雨还在下。廖俊波看着张义建湿着的裤腿，随即找出自己的雨鞋，让他试试脚。还挺合适的，"廖书记说，我也没有什么东西送给你，你就把这双雨鞋穿走吧"。

　　这双雨鞋，张义建还保留着，装在一个塑料袋里，鞋底都洗得干干净净。

　　这是一双吉丰鹿牌雨鞋，52码，"MADE IN CHINA"。

廖俊波与茶农
余金枝老人一起
采茶

廖俊波在石屯镇石圳村与茶农余金枝一起采茶

"中国白茶小镇"石圳村的余金枝老人保存着一张照片。2015 年 4 月的一个午后，烈日当空，她正在茶园采茶。廖俊波突然出现了。喊着"阿婆"，就要跟余金枝一起采茶。余金枝一边说着"担当不起"，一边就把草帽递给这位县委书记。廖俊波回绝了：你老人家晒了一辈子日头，我晒一阵子没得关系。

边采茶边闲聊。廖俊波问："这是采两叶还是三叶？"还说："我小时候采茶叶很厉害的，是有任务的……其实这个采了有点可惜，是吧？我还是懂一点吧？哈哈哈！"

有人给他们拍了张照片。如今，余金枝把这张照片看管得紧。9 岁的孙子问她，这照片有什么重要的？她回答：很重要！比很多东西都重要。比如，就比钱重要。

在廖俊波的书柜里，还有两本关于摄影的图书，分别是《思想的眼睛——布列松论摄影》《珍藏布列松》。这位法国人文摄影家，有个经典的摄影理论观点，叫"决定性瞬间"。

如今，两年过去了，廖俊波跟自己一起采茶的情景，在余金枝的脑海里反复播放，成了属于她个人与县委书记的"决定性瞬间"。

他说……他不说……

廖俊波为何总是愿意跟老百姓打成一片？

民有所呼，我有所应。民有所求，我有所为。

　　道理很简单，职责使然。

　　林小华发现，自己的这位"高徒"，跟老百姓在一起时，特别喜欢笑，是那种从内心深处发出的笑，很自然，很真诚，很有魅力。

　　是不是跟老百姓在一起，他就找回了原来的自己？就像人年龄大了，总是想回到故乡，回到童年，回到土地。

　　其实，他本来就生活在百姓中间。

　　廖俊波在南平市住着的小区，热气腾腾。院子里有艺术培训班，小孩子吹巴乌，声音打着磕巴；美容美体中心，以"您的美丽、健康是我们的目标"招徕顾客；电梯处张贴着

廖俊波家的小区外

《无车业主的呼声》，还有告示提醒家长要禁止孩子到楼顶玩耍，忙中出乱，"玩耍"被敲成了"玩甩"。

小区门口，就是窄窄的街道，两边的小商铺次第排开。有卖主食、卖水果、卖猪肉的，有小餐馆、鲜奶吧、烟酒行，有装修店、房地产中介、福利彩票销售点。宣传横幅"垃圾不落地　文明在手中"，悬挂在路旁栏杆上，提醒人们注意自己的行为。一个银发老太太还在人行道上摆了一篮子竹笋，鲜嫩，葱翠，散发着生命蓬勃气息的清香。理发店里的喇叭，在叫嚷着摇滚范儿的歌，"我相信伸手就能碰到天，有你在我身边，让生活更新鲜……"老太太只好用左手捂着耳朵，右手比画着，跟人讨价还价。

廖俊波生前经常在这条路上来来往往，默念着这座城的万家灯火。

这样的氛围，或许让他更真切地明白自己是谁，应该做些什么。

他有一套完备的"群众观"——

他说过："不要老把自己当个官，更多的是一种责任，干事创业的责任。"

他又说："对群众要平辈论交，不摆架子。这样群众才会跟你讲真心话，才能直接从他们那里得到实用的好点子。"

他还说："说实在的，老百姓反映的事不一定全部是合理的。但是只要他反映的问题里面有合理的成分，我们就要把它解决掉。"

他还说："我们的工作是要老百姓支持的。比如说，美

这是廖俊波生前最后一天的工作场景，2017 年 3 月 17 日，廖俊波视察历史文化名街，第二天，他遭遇车祸因公殉职

丽乡村建设，一定是他们自己要美丽，不是你逼迫他们要美丽，那是做不来事的。"

古人有言："君子示其短。"面对百姓期待的目光，廖俊波总是难以满足，心中时有愧疚。

在2014年一份个人对照检查材料中，他把自己放在火上"烤"——

他说：到政和任职第一年去乡镇和村上比较频繁，后来觉得自己情况熟了，去的也就少了。即使有安排下乡，一天下来能跑上三四个乡镇、十来个村子，下去了也大多是与乡村干部交流，与当地群众面对面促膝谈心的少，对基层存在的矛盾和问题了解不多，特别是对群众的困难疾苦掌握不细、不实。比如，城区每到枯水季节或者节假日用水高峰时，地势高的区域或者高层楼房的自来水就供应不上，原来一直不知道这个情况，都到政和任职一年多了，一个偶然机会才了解到，说明自己平时接地气不够，导致一些事关群众切身利益的热点难点问题没有得到及时有效解决。

他不说自己一直睡眠不足，每天只睡四五个小时，往往上车5分钟就睡着了。

老百姓却说，见过拼的，没有见过这么拼的。

他说：平时坐在办公室里看材料、听汇报多，入户访谈、听群众意见少，与群众讲贴心话、交流思想更少。到政和后真正深入基层接触群众越来越少。比如今年正月初二，去6个征地拆迁任务重的村子走访慰问，但只慰问了12位村主干，却没有延伸到农户家，心里就没有把这当作也是一次与老百姓交心谈心的机会。

他不说自己好多个春节都是在车轮上度过的，都是在劝说回乡的企业家们"回归"的路上度过的。

老百姓却说，廖书记说的话、做的事，跟我们心里想的是一样的。

他说：参加工作几十年，在乡镇待了整整十年，想想那时还会经常步行或骑着自行车走村入户，与老百姓聊天谈心，对群众有着一种朴素真诚的感情。后来随着职务升迁，与群众接触逐渐减少，也越来越难以掏心窝子了，更不用说像焦裕禄、谷文昌那样与群众"同吃同住同劳动"，而且也觉得那种工作方式已经过时，造成与群众的距离越拉越远。

廖俊波说："对群众要平辈论交，不摆架子。这样群众才会跟你讲真心话，才能直接从他们那里得到实用的好点子"（李左青 摄）

到政和工作已经 3 年时间，124 个行政村还没有走遍，特别是像岭腰乡前溪村等一些边远贫困的乡村，也多次想去走访，但至今还没有去，心里很是惭愧。

他不说自己其实很想一天在家吃三顿安稳饭。

老百姓却说，廖书记太亲切了，没有一点官架子。

他越是对自己高标准严要求，就是让人对他敬佩有加、思念深深。

他跟自己的部下交心："'上场当知下场时。'有上场的机会就好好干，留下值得留念的印迹。"感觉也是在袒露自己的心志。

立起一块精神的碑

如今，因公殉职的他，正在被人怀念，以无尽的痛，以

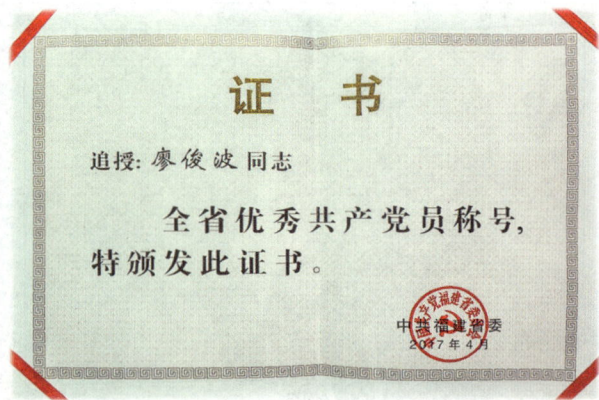

中共中央决定追授廖俊波同志"全国优秀共产党员"称号

2017 年 4 月，中共福建省委追授廖俊波同志"全省优秀共产党员"称号

滚烫的泪。"廖俊波"这三个字，被太多的人在心里擦拭，一遍又一遍。

"用我们的土话讲，就是'一只好碗，打掉了'。"政和县熊山街道解放村村支书黄学友感叹。

悲伤成河。

"黯然销魂者，唯别而已矣。"曾经主政过浦城的江淹，著有《别赋》，首句径直地戳中人的靶心。

与君一别，天地两隔。林莉老师的苦，无以言。

或许，这么多个日夜，她只能从心底一次又一次默默地呼唤你的名字，任凭嗓子沙哑、肝肠寸断。

你走的当天，午休起床时，坐在床头，弓着身子，把脑

2017年6月9日，中共中央政治局常委、中央书记处书记刘云山专程来到政和县石圳村，深入了解廖俊波的事迹（刘卫兵 摄）

刘云山：认真贯彻习近平总书记重要指示，深入学习和大力弘扬廖俊波同志崇高精神

125

袋闷在膝盖上，说再眯几分钟。

你跟时间和睡眠相处得这么不友好！

这样的情景，林莉老师也是第一回遇见。她心疼，就劝你大周末的，好好睡个懒觉。反正会议是你召集的，就做个主，往后推一推，再说工作是无休无止的。

你睡眼惺忪，笑着说：会议已经安排好了，不能改呀！

为什么你始终在行走，奋不顾身，不惧风雨？因为你对闽北这片土地、对这片土地上生活着的人们爱得深沉。

强打精神起了床，拎起衣服和公文包，你就走了。

这次，是真的走了！

现在，林莉老师只能无数次地责备自己，甚至憎恨自己："我后悔呀，后悔自己怎么就没有任性一次呢？如果我跟你吵，跟你闹，那样，兴许就留住你了。"

王炳樑，福建双祥化工助剂有限公司总经理，你在荣华山产业组团管委会工作时结下的老朋友。他感佩你当年那么热心为企业排忧解难，更惊讶你"官"越当越大，都是"全国优秀县委书记"了，待人还是本色依旧。

如今，悲痛无法安放，只好草草写下挽联一副，略表心意："饮恨吞声震悼斯人难再得，丹山碧水惟悲独鹤不重来。"

男儿有泪不轻弹。他只是说：兄弟！来生的手再握一次！

曾经的"老上访"刁桂华，在电视镜头前一边毫无顾忌地哭得上气不接下气，一边说着心中永久的遗憾，"现在——我连他——的声音——都——听不到了"。

她连声抱怨老天太决绝，要是你只是害了一场大病也好，她还可以照顾你。

女儿对你也有"怨言"。

有一回，你准备下乡调研。县委办小伙子询问能否搭便车去乡镇上会会女朋友。路上，你问恋爱进度如何，得知谈了一年还只到处在牵手散步阶段，你不禁调侃了一句："不行啊，县委办的速度要快！"还笑谈自己"什么都快"：恋爱快，结婚快，生孩子快。

听闻你不幸的消息，属于你丫头的父爱天空瞬间坍塌。她不知如何是好，联想起你出事没多久就匆匆走了，没有留下只言片语，就埋怨你当初怎么能开这样的玩笑！

宋宏华对你也有"怨言"。

"廖书记是讲究传统的。有句老话，叫'礼尚往来'。他

2017 年 6 月 10 日，廖俊波生前同事向前来学习的党员干部讲述他在拿口镇工作时的事迹（张国俊 摄）

那么帮我们办企业，但是只有'来'，没有'往'。"宋宏华觉得这不合适。

他也明白，你要的"往"，不是个人的钱与财，而是企业壮大了，让老百姓受惠。

他说，有你在，企业就像是有爹有娘的孩子。现在呢？

他跟不少和你熟知的人一样，还不太能接受现实，有些恍惚，有些空落，感觉没有了依靠，工作得打起十二分精神。

其实，你就是个火车头，牵引着这片土地往前奔。现在，你要歇歇了。但有无数的火车头，在不同的地方，一边感动于你的故事，一边牵引着脚下的一方水土，共同协力牵引着这个国家 960 万平方公里的土地，沿着正确的方向，稳步前行。

"没别的了，只有把事情做得更好！"宋宏华设法让自己放下悲伤。

陈智强是你的部下，也是你的朋友、你的兄弟。他被你当众表扬过、赞赏过，也被你训过、骂过。你离开的日子是3月18日，"18"这个数字在他这里有了特别的意义。现在，很多重要的事情他都想放在18号这一天来办。

"没办法——就算是对——他的一个纪念吧。"说话间，这个大高个哽咽了，任凭泪水一颗接着一颗地往外涌。

3月19日凌晨1时44分，南平市官方新闻网站大武夷新闻网公布，廖俊波同志出差途中遭遇车祸，经抢救无效因公殉职。

这则消息，引发多少人彻夜不眠。

1时46分，张斌在微信朋友圈推送一张双手合十的图片，配发的文字是"世事无常！"2时33分，他留言："天妒英才！"

8时35分，陈章英在微信朋友圈分享了一篇旧报道，"政和县委书记廖俊波：为啥能成为'全国优秀县委书记'？"配发的文字是："一心为民的好公仆：愿天堂里不再有雨，不再打滑，不再忙碌，不再奔波……"

9时13分，政和县外屯乡人大主席卓茂宝给你的手机号码发了一条短信："人民的好书记，您太累了！好好休息，一路走好！"

他知道，这个短消息，手机的主人永远也看不到了。但没有办法，他只能以这样的方式，来稍稍平息自己内心翻滚着的情感波浪。

政和县铁山镇大红村村民何荣梁，跟你素昧平生。他发现，几年来县上越来越像模像样。听人家说是因为你能干，立了大功劳。他觉着，一边干公家事、一边为自家谋好处的，见多了。信不得。

他的心里是有一把算盘的。

要赢得人心，并不容易。

后来，他依照习惯，找当地"当官"的朋友到饭店撮一顿，却被"反常"地领到家里吃了个便餐，说"风声紧"，县上管得严，再也不敢胡来了。坐短途汽车时，又听见不认识的在闲谈，说你这个人能干事，手脚又干净，大家都愿意跟着你干。

当过村干部、熟悉基层情况的何荣梁，这才彻底对你重视起来。

要赢得人心，也并不难。

"我就说，很多官还是好的。我对共产党员还是很认可的。搞腐败的，后边跟着一串坏人。一个道理嘛，好官后边也跟着一群好官。"经常读报的他自有判断。

当噩耗传来时，他正在南平市区看管双胞胎孙女。等孩子们午休了，趁着难得的空隙，他撇下老伴，冒着"一窝一窝"的雨，送来挽联和供品。

挽联是他自己拟的，也是自己写的："主政政和四年间，施展才华天地新；光荣梦想不空谈，俊波书记美名扬。"他专门买了梨，寓意是"老百姓离不开你"；还有火龙果，要表达的意思是"今后要努力，把日子过得红红火火"。

60 多岁的他，在你的身边跪下了。

按照当地习俗，年长的，不跪年少的。他顾不上了。

民心是杆秤，能把万事称。

他跪着说：廖书记，人人都说你是好官，我也来跪拜你！

廖俊波逝世后群众干部表达思念之情

你说过，在东山县实地考察学习时，跟当地干群面对面交流，听着一件件与谷文昌相关的感人事迹，特别是当地"先祭谷公、后祭祖宗"的习俗，让你心灵上受到一次震撼，当时就产生了真切的感受：作为一名县委书记，身后能受到一方百姓如此爱戴，此生无憾了。

现在看，你想必应该无憾了。

为百姓办实事的人，生前身后不寂寞。

《闽北典故》记载，元代李荣昉任松溪县尹，为民请命，不辞辛劳。调任时，民众扶老携幼相送，"我有田畴，李侯辟之；我有老幼，李侯翼之"的歌谣随之广为传颂，并铭刻于碑。

给百姓做好事的人，自古至今被铭记。

你在政和的日子，千年古城一年一变。有人不禁口占打油诗一首："政和人民好福气，来了一位好书记。清正廉洁好气质，带领我们出功绩。"

在政和城关的渡头洋，经张承富老人提议立起了一块碑，名为《栈道记》。碑文首句是"星溪上河边路栈道在县委廖俊波书记的关怀下……"

落款时间为 2016 年 8 月 16 日。

各界群众自发
悼念廖俊波（张国
俊 摄）

要说 10 个月前，你已经就任南平市人民政府副市长了。

那有何妨！在政和人心目中，你是永远的廖书记。

站在碑前，张承富老人神色凝重。

他说：这个人吧，不容易。

他用手掌抹了抹眼睛。

他又说：这个人吧，很难得。

他用胳膊抹了抹眼睛。

他还说：这个人，可惜了。

他望了望缓缓流淌着的星溪……

2014 年 12 月 2 日，在政和县第二十二次团代会开幕式

上，你告诫在场的年轻人，要注重事业的积累，"人不管走

到哪里，身后都有一个碑在。你的事业积累越丰厚，你身后碑的基石就越坚固，你人生的这个丰碑就能竖得越高"。

　　你以自己的言行，以自己的生命，以自己的信仰，在身后立起了一块精神的丰碑。

　　新时代，新丰碑！

《时代楷模发布厅》完整版

廖俊波年表

1968 年 8 月

出生在福建省南平市浦城县管厝乡的一个普通干部家庭，父亲廖芝根是管厝乡财政所干部，母亲季平英是管厝乡中心小学教师，家里中还有 2 个妹妹。

1980 年 9 月至 1988 年 7 月

先后在浦城县管厝中心小学、仙阳中学、浦城一中就学。

1988 年

参加高考，考入南平师范高等专科学校物理系物理专业。大学期间曾任班级保卫委员、团支部宣传委员、校保卫部部长、校摄影协会理事长、校书法协会物理系理事、物理系学生会主席。曾获"优秀学生干部""优秀共青团员""三等奖学金""校书法大赛三等奖"等。

1990 年 8 月

到邵武市大埠岗中学任教。

1992 年 7 月

任大埠岗镇文化技术学校教导主任、党办主任，同月，加入中国共产党。

1995 年 7 月

被邵武市委评为 1993 至 1995 年度优秀共产党员。

1995 年 12 月

作为有培养潜力的优秀年轻干部，被推荐到邵武市政府办公室工作。

1996 年 7 月

任邵武市政府办公室副主任科员。

1998 年 4 月

任邵武市委办公室副主任。主要负责联系服务时任邵武市委书记、市长林小华。

1998 年 11 月

任拿口镇党委副书记、镇长。

2001 年 2 月

被南平市委、市政府评为 2000 年度优秀乡镇长。

2001 年 6 月

被福建省水利厅冬春水利建设办公室评为 2000 年度冬春水利建设先进水利乡镇长。

2002 年 8 月

任拿口镇党委书记。其间，为镇里争取公路建设、中学教学楼、卫生院综合大楼以及农田改造等项目资金 1172.5 万元；建成拿口至朱坊的水泥路，直接受益群众达 1.3 万人；规划建设千亩工业园区，第一季度就有 4 家投资 500 万元以上企业落户；减少历史债务 100.52 万元；全镇税收从 2000 年的 270 万元增加到 412 万元。

2002 年 10 月

被南平市政府评为 2000—2001 年度计划生育"先进工作者"。

2003 年 4 月

被南平市人大常委会评为第二届优秀人大代表。

2003 年 8 月

被南平市委、市政府评为 2001—2002 年度南平市精神文明建设先进工作者。

2003 年 10 月

任邵武市政府副调研员，提名为邵武市政府副市长候选人。

2004 年 2 月

任邵武市政府副市长。任职期间，分管的工业经济实现了快速增长，规模工业产值三年翻了近一番；化解了原国有企业不良债务 1.3 亿元；盘活工业用地近 200 亩；为 13 家担保企业解除了债务链。

2006 年 5 月

任南平市政府副秘书长，主要负责联系服务时任南平市政府副市长林钟乐。

2007 年

任荣华山产业组团管委会主任（正处级）。任职期间，奔波于省市县及江浙、闽南等地，全力以赴推进组团开发建设和招商引资工作；完成征地 7000 多亩，建成首期工业平台 3732 亩，招商引资签约项目 51 个，开工项目 23 个，总投资 28.03 亿元。

2011 年 6 月

任政和县委书记。任职期间，提出突破城市、工业、旅游、回归等"四大经济"；建设 25 平方公里的省级经济开发区；打造"闽北百亿产业园"；政和县域经济发展连续三年进入全省十佳，多项主要经济指标增幅位居全市前列。

2015 年 6 月

被中共中央组织部授予"全国优秀县委书记"称号。

2015 年 10 月

任南平市政府副市长。

2016 年 10 月

任南平市委常委、副市长。

2017 年 3 月 18 日

从工作赶路途中，因公殉职，享年 49 岁。

2017 年 4 月 14 日

中共中央总书记、国家主席、中央军委主席习近平对廖俊波同志先进事迹作出重要指示强调，廖俊波同志任职期间，牢记党的嘱托，尽心尽责，带领当地干部群众扑下身子、苦干实干，以实际行动体现了对党忠诚、心系群众、忘我工作、无私奉献的优秀品质，无愧于"全国优秀县委书记"的称号。

2017 年 6 月 6 日

中共中央追授廖俊波同志"全国优秀共产党员"称号。

2017 年 6 月 20 日

中共中央宣传部向全社会公开发布廖俊波的先进事迹，追授他"时代楷模"荣誉称号。

视频索引

策　　划：辛广伟
责任编辑：陈佳冉
封面设计：林芝玉

图书在版编目（CIP）数据

当代焦裕禄：廖俊波／王国平 著 . —北京：人民出版社，2017.7
ISBN 978－7－01－017937－7

I.①当…　II.①王…　III.①廖俊波（1968—2017）－先进事迹
IV.① K827=7

中国版本图书馆 CIP 数据核字（2017）第 160369 号

当代焦裕禄：廖俊波
DANGDAI JIAO YULU LIAO JUNBO

王国平　著

人 民 出 版 社 出版发行
（100706　北京市东城区隆福寺街 99 号）

北京尚唐印刷包装有限公司印刷　新华书店经销

2017 年 7 月第 1 版　2017 年 7 月北京第 1 次印刷
开本：710 毫米 ×1000 毫米 1/16　印张：9.5
字数：88 千字

ISBN 978－7－01－017937－7　定价：38.00 元

邮购地址 100706　北京市东城区隆福寺街 99 号
人民东方图书销售中心　电话（010）65250042　65289539